LAROUSSE

Higiene en la cocina

Guía para evitar la contaminación de los alimentos

LAROUSSE

Higiene en la cocina

Guía para evitar la contaminación de los alimentos

Dirección editorial Tomás García Cerezo

Coordinación editorial Verónica Rico Mar

Coordinación de contenidos Gustavo Romero Ramírez

Asistencia editorial Irving Sánchez Ruiz

Diseño y formación Estudio Creativos, Yuridzi Reyes

Diseño de portada Ediciones Larousse S.A. de C.V., con la colaboración de Nice Montaño Kunze

Fotografía Debby Braun Zawoznik

Fotografía complementaria Shutterstock.com

Primera edición

©2015 Ediciones Larousse, S.A. de C.V.
Renacimiento 180, Colonia San Juan Tlihuaca,
Delegación Azcapotzalco, C.P. 02400, México, D.F.

ISBN 978-607-21-1163-9

www.larousse.com.mx

Introducción

La seguridad alimentaria ha evolucionado junto con el hombre desde que éste comenzó a cocinar y a alimentarse. Podemos imaginar cómo, a través de ensayo y error, nuestros antepasados reconocieron los alimentos que naturalmente se descomponían y los que presentaban propiedades organolépticas adecuadas. Este conocimiento empírico propició que diferentes culturas comenzaran a controlar la descomposición de alimentos desarrollando técnicas antiguas como el salado, la fermentación o la deshidratación. De este modo, el conocimiento llegó a ampliarse hasta llegar a la época de los alimentos procesados.

Muchos de los conocimientos que tenemos y las prevenciones que tomamos hoy en día se las debemos a los relativamente recientes hallazgos de científicos como Antonie van Leeuwenhoek, Nicholas Appert y Louis Pasteur, quienes reconocieron y estudiaron la existencia de microorganismos, estudios que aun hoy siguen vigentes.

Higiene en la cocina condensa muchos de estos estudios a modo de guía sencilla y práctica, dirigida a cualquier persona que prepara alimentos de manera cotidiana. El objetivo es que, conociendo y aplicando esta información, los cocineros aseguren un entorno higiénico alrededor de los alimentos durante su compra, traslado, preparación y conservación.

El libro está dividido en 5 capítulos y un capítulo anexo de Normas Mexicanas para quien quiera ahondar sobre las normas que regulan la higiene de los alimentos en México.

Esta obra le servirá de referencia para preparar no sólo comida rica y saludable, sino también una comida sana a sus comensales, amigos, pareja o familia.

Debby Braun

Agradecimientos

A Moy, por siempre estar conmigo, por ser guía y ejemplo de todos mis caminos, la vida no tiene sentido sin su presencia, por todos los años de amor, cariño, risas y felicidad.

A mis queridos Rubén y Lilian, a Sergio y Nicole por ser la luz y miel de todos mis días, por hacerme un corazón lleno de alegría, satisfacción y orgullo.

A Lilly y Abraham por ser pilares y ejemplo de vida, no hay palabras que puedan describir la gratitud, amor y cariño por tantos años de dulzura, lucha y tenacidad y su mayor virtud la gran herencia al trabajo.

A Mauricio y Sandra, a Jacobo y Zareth, a Freide por su gran cariño y apoyo incondicional, por compartir tantas vivencias juntos que nos ayudaron a crecer y crear lo hoy somos.

A Phillip, Jeffrey, Mark, Elah y Shai por el cariño y ternura que comparten, son el presente de un futuro lleno de bondad y éxito.

A Sorky, por ser ejemplo de trabajo inagotable y cariño eterno.

A mis amigos por caminar juntos incondicionalmente veredas de apoyo, comprensión, alegrías y logros.

A Jessi, Angela y Bruce, por darme la oportunidad de crecer profesionalmente e internacionalmente, es un privilegio formar parte del equipo.

A Enrique y Blanca, a mis amigos del servicio de alimentos, a Armando, Mary, Neto, Jorge, Martina y Alejandro por tantos años de compañerismo, unidad, solidaridad, enseñanza y respeto.

A Tere, Ángel, Arturo, Carlos y Alejandro, por tantas y tantas horas de información cibernética que me impulsan a seguir trabajando por la salud comunitaria, su tenacidad me inspira.

A mis alumnos por confiar en mis conocimientos, no hay mayor gratitud que verlos realizados como profesionales.

Presentación

En los últimos años la sociedad ha tomado conciencia de lo importante que es cuidar la higiene al momento de cocinar para evitar enfermedades. Lavarse las manos, lavar frutas y verduras y refrigerar la comida son leyes básicas que los medios de comunicación nos han transmitido, a bien de la población. Sin embargo, miles de personas se enferman anualmente debido al consumo de alimentos mal procesados o erróneamente manipulados.

Es un hecho que no podemos controlar muchos factores higiénicos que rodean lo que comemos fuera de nuestro hogar; sin embargo, el conocimiento de qué debemos o no hacer al comprar, trasladar, cocinar o almacenar un alimento, asegurará que, al cocinar, los riesgos de contraer una enfermedad transmitida por alimentos decrezcan considerablemente.

¿Es necesario lavar frutas como los plátanos? ¿Por qué es necesario desinfectar las verduras? ¿Puedo comer el contenido de una lata abollada? ¿Cuántos días puedo guardar carne molida en el congelador? ¿A qué término pido mi carne para que sea inocua? ¿Qué materiales puedo emplear para almacenar comida? ¿Qué produce la salmonella? ¿Puedo desechar el aceite por la tarja? Éstas son algunas de las dudas más comunes en torno a la manipulación de alimentos.

Larousse se ha destacado como un referente de publicaciones gastronómicas a nivel nacional, pero faltaba abordar tan importante tema. *Higiene en la cocina* nace con el fin de aclarar los puntos básicos con un lenguaje comprensible y dirigido a cualquier persona que esté en contacto cotidiano con los alimentos, ya sea una ama de casa, un cocinero amateur, un estudiante de gastronomía o un chef.

Los editores

Contenido

1

Higiene

La higiene consiste en conocimientos y procedimientos técnicos que permiten controlar factores nocivos para la salud.

La higiene significa limpieza y cuidado del cuerpo o de un sistema externo, como el medio ambiente. Es fundamental seguir las normas de higiene para prevenir cualquier contaminación, ya que el ser humano se encuentra en contacto directo con los alimentos, convirtiéndolo en el principal vehículo de contaminación.

Higia, diosa de la limpieza, curación y sanidad.

1.1 ≫ HIGIENE PERSONAL

Por definición, higiene significa aseo o limpieza, ya sea personal o en un espacio privado o público. El médico cirujano Ambroise Paré (1510-1592) comenzó a emplear el término francés *hygiène* (que provenía del la palabra griega ὑγιεινός) que significaba bueno para la salud; un término que se remonta al nombre de la diosa de la mitología griega Υγιεία (Higía), considerada como la diosa de la limpieza, curación y sanidad.

El proceso de higiene en la comida involucra a todo aquel que intervenga con los alimentos: ya sea en cosecha, transporte, almacenamiento, preparación y conservación. Estas personas deben tener higiene al entrar en contacto con los alimentos, ya que pueden contaminarlos a través de sus manos, uñas, saliva, sudor, cabello, cuando tose o estornuda, etcétera.

Sin embargo, la higiene personal es igualmente importante para evitar la contaminación de los alimentos, sobre todo aquellas personas que los preparan. Las siguientes recomendaciones son básicas para la higiene en una cocina profesional y para una cocina doméstica:

> Portar ropa limpia.

> Usar calzado cerrado, limpio y con suela segura o antiderrapante.

> Mantener el cabello recogido si está largo.

> Utilizar red o cofia para el cabello (no usar gorra).

> Evitar el uso de barba y bigote en el caso de hombres.

> No utilizar anillos, aretes, relojes y pulseras.

> Mantener las uñas cortas, limpias y sin barniz.

> Evitar el uso de celulares.

> Evitar el contacto con computadoras, radios, televisores, etc.

> Evitar masticar chicle.

> No fumar dentro de la cocina.

Si la persona sale de la cocina por cualquier motivo o al sanitario, es necesario que se lave las manos antes de volver a manipular los alimentos.

Higiene personal al cocinar en una cocina profesional.

> No comer mientras se preparan los alimentos.

> Evitar el contacto de alguna herida, si existe, con los alimentos.

> Cubrirse boca y nariz con el antebrazo al estornudar o toser.

Para cubrir eficientemente un estornudo o tosido, lo ideal es cubrir con el antebrazo la boca y nariz.

Higiene personal al cocinar en una cocina doméstica.

1.2 » LAVADO DE MANOS

Previo a la preparación de los alimentos, es indispensable lavarse las manos para reducir la cantidad de microorganismos presentes en la persona que cocinará.

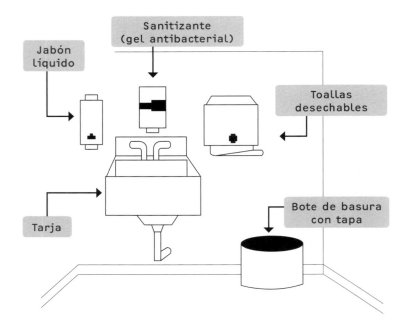

Requerimientos en una cocina (nivel profesional).

El proceso se realiza de la siguiente manera:

1. Enjuagarse las manos con agua corriente limpia.

2. Aplicarse jabón de pasta. Si éste es líquido, utilizar un dosificador.

3. Frotarse la superficie de las manos y entre los dedos.

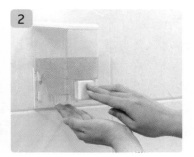

4. Cepillar vigorosamente las uñas y frotar el antebrazo por 20 segundos.

5. Enjuagarse con agua corriente limpia, verificando no dejar restos de jabón.

6. Secarse, idealmente con toallas desechables; de lo contrario, con una toalla.

7. Utilizar sanitizante al final del lavado.

También es importante lavarse las manos después de:

> Ir al sanitario.

> Manipular carne, pollo o pescado crudo.

> Tener contacto con basura, basureros, puertas, ventanas, teléfono celular, radio o computadora.

> Tocar desechos o desperdicios de la cocina.

> Hacer limpieza en la cocina.

> Saludar a una persona.

> Tener contacto con mascotas.

> Salir de cocina e interrumpir la preparación de los alimentos.

> Atender una herida o quemadura.

> Fumar, comer, beber o masticar en el área de la cocina.

> Tocar alguna parte del cuerpo no higienizada (cabello, orejas, nariz, etcétera).

1.3 ≫ PRINCIPALES ÁREAS EN LA COCINA

Desde el punto de vista higiénico, una cocina se puede dividir en 7 áreas principales por muy pequeña que sea. Éstas deberán mantenerse limpias y serán utilizadas solamente para los fines establecidos:

Área de lavado de alimentos. Las tarjas deberán ser utilizadas exclusivamente para este fin y para lavar utensilios y materiales que tienen contacto con los alimentos. Todo aquello que se utilice en la limpieza de pisos, paredes, ventanas, mesas, etc., deberá lavarse en otro sitio fuera de la cocina.

Área de preparación de alimentos. Es necesario mantenerla limpia y desinfectada previo a su uso. Los materiales como cuchillos, palas, tablas de corte, recipientes, etc, deberán ser exclusivos de esta área. (ver pág. 21)

Área de cocción de alimentos. Deberán mantenerse siempre limpios y desinfectados equipos como estufas, hornos, hornos eléctricos, hornos de microondas y parrillas eléctricas. El equipo eléctrico se debe desconectar mientras no se utilice.

Área de conservación de alimentos a temperatura ambiente (alimentos no perecederos). Este espacio deberá permanecer limpio y ordenado, así como cerrado y fresco. Los envases como latas y frascos deberán limpiarse con un trapo de uso exclusivo para esta sección. Las cajas de cartón y bolsas provenientes del exterior no deben mantenerse, ya que pueden contener huevecillos de insectos o materia fecal de roedores. Es indispensable el manejo de Primeras entradas y Primeras salidas (sistema PEPS). (ver pág. 38)

Área de conservación de alimentos a bajas temperaturas en refrigeración y congelación (alimentos perecederos). Esta área deberá mantenerse en perfecto estado higiénico, haciendo limpieza profunda una vez por semana. Se debe mantener en orden, dado que el tiempo de vida de anaquel es corto. Deben comprobarse las fechas de elaboración y cuidar los tiempos de consumo indicados en los alimentos procesados. (ver tabla Tiempos de permanencia de algunos alimentos en el refrigerador pág. 44-45)

Es indispensable el uso de termómetros para el refrigerador y congelador, así se tendrá un control sencillo y seguro de las temperaturas a las que deben mantenerse los alimentos.

Área de almacenamiento de utensilios de cocina. Debe estar ordenada y limpia. Es necesario separar los utensilios para los diferentes fines; por ejemplo, lo que se utiliza en la manipulación de alimentos crudos (tablas de corte, cuchillos, tijeras, etc.) debe separarse de los utensilios para servir alimentos cocidos o procesados.

Área de almacenamiento de productos de limpieza. Esta área debe estar separada del resto. Los envases de los productos deberán especificar claramente lo que contienen, sus fechas de caducidad y permanecer perfectamente cerrados.

1.4 » LAVADO DE ÁREAS DE COCINA

Para evitar cualquier tipo de contaminación microbiológica, es necesario seguir el procedimiento de limpieza de las áreas de cocina antes de preparar cualquier alimento:

Quitar polvo y basura
(Utilizar trapos limpios y diferentes para cada área)

Lavar con jabón y agua corriente
(Utilizar cepillos y trapos limpios diferentes para cada área)

Enjuagar

Aplicar una solución de cloro

Dejar secar

Los pisos, techos y paredes deberán ser de materiales lavables, sin roturas ni grietas.

Existen diferentes productos comerciales para preparar las soluciones de cloro, aunque se recomienda emplear aquellas elaboradas a base de hipoclorito de sodio en concentraciones alrededor del 5 al 5.5% (se deben manejar de acuerdo con las recomendaciones de cada proveedor). Es importante lavarse las manos después de tener contacto con éste, así como no comer, beber o fumar al usar este producto.

Solución de cloro comercial que debe utilizarse después del lavado en las diferentes zonas de cocina*

ZONA DE LIMPIEZA	SOLUCIÓN DE CLORO COMERCIAL (AL 5.3%)	RECOMENDACIÓN
Azulejos de cocina	60 ml (¼ de taza) en 1 litro de agua	Después de lavar y enjuagar, limpiar con la solución y mantener por 5 minutos. Enjuagar y dejar secar.
Basureros	60 ml (¼ de taza) en 1 litro de agua	Después de lavar y enjuagar cepillar con la solución de cloro. Enjuagar y dejar secar.
Mesas de trabajo	60 ml (¼ de taza) en 1 litro de agua	Después de lavar y enjuagar, limpiar con la solución y mantener por 5 minutos. Enjuagar y dejar secar.
Pisos	60 ml (¼ de taza) en 1 litro de agua	Después de lavar y enjuagar, limpiar con la solución y mantener por 5 minutos. Enjuagar y dejar secar.
Tarjas de lavado	60 ml (¼ de taza) en 1 litro de agua	Después de lavar y enjuagar, limpiar con la solución y mantener por 5 minutos. Enjuagar y dejar secar.

*La solución de cloro comercial debe reponerse cada año y almacenarse como indican las instrucciones

1.5 » LAVADO Y DESINFECCIÓN DE FRUTAS Y VERDURAS

Los alimentos que se consumen crudos, como las frutas y algunas verduras, deben tener un lavado y desinfección especial justo antes de consumirlos. Antes de iniciar es necesario lavar los utensilios a utilizar como cuchillos, cepillos, escurridor, colador, etc., así como las manos con agua y jabón.

Para eliminar la mayor cantidad de microorganismos presentes se debe seguir el siguiente procedimiento:

> Lavar las frutas y verduras con una solución jabonosa.

Nunca corte una fruta antes de lavar y desinfectar, ya que los microorganismos pueden penetrar en la pulpa.

Lavado de frutas con rabillo.

Lavado de jitomates.

Lavado de vegetales de hojas grandes.

· Frutas como melón, sandía y papaya deben tallarse con un cepillo.

· Frutas que se consumen con piel como manzana y pera deben lavarse y cepillarse perfectamente.

· Frutas con rabillo como fresas y manzanas se les debe retirar hasta después de la desinfección.

· Frutas pequeñas como frambuesas, zarzamoras o moras azules deben lavarse en un recipiente sin tocarlas.

· Frutas que se pelan como naranja, mandarina o toronja, deben lavarse y tallarse.

· Tubérculos como papa y camote se deben cepillar y enjuagar con suficiente agua corriente para eliminar perfectamente la tierra y polvo que contengan.

· Jitomates o tomates deben lavarse y fregarse con las manos.

· En los vegetales con hojas grandes deben quitarse las hojas externas que se encuentren en mal estado y lavar cada hoja por separado

· En los vegetales de hojas chicas, como cilantro y perejil, se debe retirar la raíz y después lavar, verificando hoja por hoja para asegurar que se ha eliminado la tierra.

> Enjuagar las frutas o verduras.

> Desinfectar las frutas y verduras en un recipiente de plástico con agua y una solución.

· Solución de cloro: 15 ml de cloro comercial en 4 litros de agua y reposo de 20 a 30 minutos.

· Solución de plata coloidal al 0.35%: 8 gotas por cada litro de agua y reposo de 10 minutos.

· Cualquier otro desinfectante comercial: siga las instrucciones del empaque.

> Escurrir en un colador y dejar secar.

> Consumir.

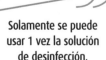

Solamente se puede usar 1 vez la solución de desinfección.

1.6 » LAVADO Y DESINFECCIÓN DE EQUIPO Y UTENSILIOS DE COCINA

A continuación se presentan las diferentes soluciones de cloro comercial que deben utilizarse después del lavado y enjuagado de los diferentes equipos y utensilios que se utilizan en la cocina.

Para desinfectar una superficie de trabajo, agregue una solución de 5 ml (1 cdita.) de cloro en 1 litro de agua y utilícela con un dosificador con atomizador.

Solución de cloro comercial que debe utilizarse después del lavado y enjuagado de los diferentes equipos y utensilios de cocina

ÁREA DE LIMPIEZA	SOLUCIÓN DE CLORO COMERCIAL (AL 5.3%)	RECOMENDACIÓN
Congeladores	15 ml (1 cda.) en 4 litros de agua	Frotar la superficie con esta solución y dejar secar.
Equipo electro-doméstico	30 ml (1/8 de taza) en 1 litro de agua	Limpiar con la solución y mantener por 5 minutos.
Grifos y llaves de agua	60 ml (1/4 de taza) en 1 litro de agua	Limpiar con la solución y mantener por 5 minutos. Enjuagar y dejar secar.
Refrigeradores	15 ml (1 cda.) en 4 litros de agua	Frotar la superficie con esta solución y dejar secar.
Tablas de corte (Polietileno de alta densidad)	15 ml (1 cda.) en 1 litro de agua	Lavar con la solución y mantener por 2 minutos. Para sanitizar, enjuagar con una solución desinfectante (1 cucharadita de cloro en 1 litro de agua) y dejar secar.
Trapos de cocina	25 ml en un litro de agua	Lavar los trapos con jabón. Sumergirlos en la solución por 5 minutos y dejar secar al aire libre.
Utensilios de cocina	15 ml (1 cda.) en 1 litro de agua	Sumergir en la solución de cloro durante 15 minutos, escurrirlos y desinfectar con atomizador que tenga solución desinfectante (25 gotas de cloro en 1 litro de agua) y secar al aire libre.

El lavado de ollas y sartenes deberá realizarse inmediatamente después de su uso:

> Eliminar los desperdicios remojando con agua caliente. Se puede calentar un poco de agua en los recipientes a fuego directo para ayudar a eliminar el cochambre pegado en el fondo.

> Tallar toda la superficie con una fibra utilizando una solución jabonosa para eliminar excesos de grasa.

> Colocarlos en un escurridor sin secarlos. Desinfectarlos con un atomizador que contenga una solución desinfectante (25 gotas de cloro en 1 litro de agua) y dejar secar.

Triturador de residuos de comida orgánica.

1.7 >> MANEJO DE LA BASURA

El uso de trituradores de residuos de comida, facilita el manejo de basura orgánica, reduciendo ésta notablemente.

Independientemente de que se tenga o no el triturador, es necesario separar la basura en bolsas de plástico contenidas en botes con tapa.

La Secretaría de Medio Ambiente y Recursos Naturales (SEMARNAT) decidió establecer criterios únicos sobre los símbolos que identifiquen de forma inmediata, clara y precisa los residuos sólidos a través de una correcta imagen iconográfica a nivel nacional.

Esta propuesta gráfica presenta de manera clara el mensaje particular para cada residuo, con trazos sencillos y limpios. Las flechas representan el reciclaje y, además de la representación gráfica de cada residuo. La iconografía consiste de ocho íconos para el manejo integral de los residuos.

En dado de que no se cuente con el espacio o recursos para separar los residuos sólidos, pueden dividirse en residuos orgánicos y residuos inorgánicos.

Los residuos orgánicos incluyen:

> Restos de cualquier tipo de carne (carne cruda o cocida, huesos, vísceras de res, pollo, pescado, etc.).

> Cereales, semillas y sus derivados (arroz, frijol, garbanzo, habas, ajonjolí, pan, tortillas, galletas, etc.).

> Cascarones de huevo, chiles secos y especias.

> Residuos de frutas y verduras.

> Bolsas de té, desechos de café, filtros de papel, etc.

> Aceite vegetal desechado en botellas cerradas.

Los residuos de basura inorgánica incluyen:

> Equipo de cocina.

> Papel, servilletas, papel estraza, periódico, cajas de cartón.

> Todo tipo de envases de cartón, incluidos los envases de Tetrapack®.

> Latas.

> Vidrio.

Iconografía propuesta por la SEMARNAT para identificar residuos sólidos.

> Plásticos (botellas, cubiertos y platos desechables, cajas, etc.).

> Metales (cucharas, tenedores, cuchillos, tapas, ganchos, alambres, tubos, clavos, envases de hojalata, etc.).

> Fibras naturales (cordeles, estropajos, zacates, ropa de algodón, etc.).

> Barro o cerámica.

Los beneficios que se logran al separar los residuos sólidos son los siguientes:

> Disminución de la contaminación y de la generación de basura.

> Protección del medio ambiente.

> Aprovechamiento sustentable de los recursos naturales.

> Ahorro de energía eléctrica.

> Reducción de focos de infección y enfermedades.

Al separar los residuos podemos reducir 80% del volumen que ocupan.

Iconografía propuesta por la SEMARNAT para identificar residuos sólidos.

1.8 » CONTROL DE PLAGAS

No sólo la fauna nociva puede acarrear microorganismos patógenos a la cocina, y por ende a los alimentos; las mascotas y animales domésticos pueden transmitir lo mismo, por lo que no puede permitirse el acceso a la cocina a estos animales.

Constantemente se deberán tomar medidas preventivas para que no exista proliferación de plagas y así evitar, en la menor medida posible, el uso de plaguicidas.

Para ello es necesario tomar las siguientes precauciones:

> Lavar y desinfectar diariamente los espacios de trabajo en la cocina.

> Colocar rejillas en las coladeras y conservarlas limpias y sin basura.

> Colocar protecciones en puertas y ventanas para evitar la entrada de lluvia, fauna nociva, etc.

> Asegurarse que los espacios contiguos a la cocina no tengan materiales de desecho y, en caso de jardín, maleza o encharcamientos de agua.

> Verificar que en las áreas de conservación de alimentos a temperatura ambiente no existan cajas de cartón ni otros recipientes de madera, ya que pueden ser el vehículo de huevecillos de insectos.

Ejemplo de fauna nociva.

Tenebrio molitor o gusano de la harina cuando se ha desarrollado.

> Mantener todos los alimentos en envases originales cerrados o en recipientes con tapas de rosca.

> Nunca dejar abiertos productos como harina, azúcar o cereales, ya que pueden introducirse fácilmente insectos.

Si alguna plaga contamina la cocina, es necesario tomar medidas y contratar un servicio de control de plagas con licencia sanitaria y que garantice el uso de plaguicidas avalados por la autoridad competente.

1.9 ≫ USO DE EQUIPO ELECTRÓNICO EN LA COCINA

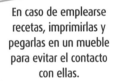

En caso de emplearse recetas, imprimirlas y pegarlas en un mueble para evitar el contacto con ellas.

El área de una cocina doméstica debe considerarse un espacio 100% higiénico, para mantenerlo así se debe evitar el uso de materiales o equipo que puedan ser vehículos de contaminación. Los equipos electrónicos deben evitarse dentro de la cocina, ya sean teléfonos fijos, teléfonos celulares, radios, computadoras portátiles, etc. El diseño de estos artefactos hace que pueden depositarse un gran número de microorganismos patógenos en determinados espacios. Cuando la persona que prepara los alimentos tiene contacto con estos materiales, se convierte automáticamente en el vehículo de transporte de bacterias.

Al hablar por teléfono, el usuario puede ser portador de microorganismos patógenos que con la saliva puede contaminar los alimentos que prepara.

En un estudio publicado en la revista *Annals of Clinical Microbiology and Antimicrobials*, realizado a 200 empleados de un hospital, se encontró que el 94.5% de los teléfonos tenían la presencia de algunos tipos de bacterias (*Staphylococcus aureus*, *Streptococcus spp* y coliformes, entre otros). Se analizaron las palmas de las manos de los participantes y se detectó que los microorganismos se transferían de éstas a los teléfonos celulares y viceversa; cerca del 30% de las bacterias de los celulares terminaron en las manos.

Para evitarlo, la persona que prepare los alimentos debe dejar su teléfono celular lejos del área de corte, lavado y cocción de los alimentos; no debe prepararlos y simultáneamente hablar por teléfono ya que él mismo los contaminará al tocar el teléfono. Es muy importante que al terminar de realizar la llamada el cocinero se lave perfectamente las manos antes de continuar cocinando. Es igualmente importante limpiar y desinfectar constantemente los electrodomésticos.

El espacio entre las teclas de una computadora es un potencial depósito de microorganismos patógenos.

2

Manipulación de alimentos

Una selección de ingredientes de primera calidad resultará en un platillo de buena calidad desde el punto de vista nutrimental, pero sólamente su correcta manipulación asegurará que tenga una buena calidad microbiológica.

2.1 » ALIMENTOS PROCESADOS

Los alimentos procesados ya han pasado por un cuidadoso control de calidad, sin embargo, el manejo indebido del producto puede causar la transmisión de microorganismos patógenos. Para evitar esto es necesario seguir las siguientes recomendaciones:

Los lácteos deben conservarse a 4 °C o menos.

> Asegurarse de que el envase esté en perfecto estado, cerrado o sellado.

> Rechazar alimentos en latas oxidadas, infladas o mal selladas.

> Desechar alimentos procesados con fechas de caducidad vencidas.

> Verificar que los alimentos secos (arroz, leguminosas, harinas, etc.) estén en envases adecuados, cerrados o sellados, sin presencia de hongos o humedad.

> Elegir productos que tengan la información necesaria en la leyenda escrita y no productos hechizos o enlatados domésticamente.

> Comprar productos lácteos que estén conservados a 4 °C o menos.

> Verificar que los productos ultrapasteurizados abiertos se refrigeren a 4 °C o menos. Si no se han abierto pueden conservarse a temperatura ambiente en un lugar fresco.

> Comprar embutidos que estén conservados a 4 °C o menos.

> Verificar que los productos congelados se mantengan a una temperatura entre los -18 y los -20 °C. Rechazar cualquier alimento que tenga signos de descongelación.

Los cristales de hielos que se forman alrededor de una pieza congelada son signos claros de descongelación.

2.2 » ALIMENTOS NO PROCESADOS

Los alimentos no procesados requieren un completo manejo antes de consumirlos, por lo que el cuidado debe ser más meticuloso.

Es importante considerar la apariencia, el olor, color y la textura de los alimentos no procesados para aceptarlos o rechazarlos.

Para ello es necesario tener en cuenta lo siguiente:

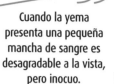

Cuando la yema presenta una pequeña mancha de sangre es desagradable a la vista, pero inocuo.

Carne

Temperatura de refrigeración 4 °C o menos
Temperatura de congelación -18 a -20 °C

CARACTERÍSTICA	ACEPTE	RECHACE
Color	Res: rojo brillante Cordero: rojo Cerdo: rosa pálido	Verde o café oscuro
Olor	Característico	Agrio o rancio
Textura	Firme y elástica	Pegajosa o viscosa
Grasa	Blanca o ligeramente amarilla	

Aves

Temperatura de refrigeración 4 °C o menos
Temperatura de congelación -18 a -20 °C

CARACTERÍSTICA	ACEPTE	RECHACE
Color	Amarillo brillante	Verde o con diferentes coloraciones
Olor	Característico	Agrio o rancio
Textura	Firme	Blanda, pegajosa bajo las alas o piel
Grasa	Blanca o ligeramente amarilla	

Embutidos

Temperatura de refrigeración 4 °C o menos
Verificar fecha de caducidad

CARACTERÍSTICA	ACEPTE	RECHACE
Color	Característico	Verde o con diferentes coloraciones. Los tonos tornasoles indican exceso de nitritos.
Olor	Característico	Agrio o rancio
Textura	Firme	Blanda o pegajosa

Pescado

Temperatura de refrigeración 4 °C o menos

Temperatura de congelación -18 a -20 °C

CARACTERÍSTICA	ACEPTE	RECHACE
Color	Agallas color rojo brillante	Verde o gris en las agallas
Olor	A mar	Amoniaco, putrefacto o agrio
Textura	Firme, con escamas bien adheridas difíciles de desprender	Flácida
Apariencia	Agallas húmedas, ojos cóncavos, transparentes y con pupila brillante	Agallas secas, ojos hundidos, opacos y bordes rojos

 Moluscos (mejillones, almejas, etc.)

Temperatura de refrigeración 4 °C o menos

Temperatura de congelación -18 a -20 °C

CARACTERÍSTICA	ACEPTE	RECHACE
Color	Característico	No característico
Olor	Característico	Amoniaco, putrefacto o agrio
Textura	Firme	Viscosa y conchas abiertas

 Crustáceos (langosta, langostinos, camarón, cangrejo, langostino, etc.)

Temperatura de refrigeración 4 °C o menos

Temperatura de congelación -18 a -20 °C

CARACTERÍSTICA	ACEPTE	RECHACE
Color	Carcasa brillante y blanca o gris	Carcasa con decoloraciones amarillas u oscuras en cabeza y cuerpo
Olor	Marino	Amoniaco, putrefacto o agrio
Textura	Firme	Flácida y viscosa en la carcasa y blanda en la carne
Apariencia	Articulaciones firmes	Articulaciones sin tensión o contracción

Cefalópodos (pulpo, calamar, etc.)

Temperatura de refrigeración 4 °C o menos
Temperatura de congelación -18 a -20 °C

CARACTERÍSTICA	ACEPTE	RECHACE
Color	Característico	No característico
Olor	Característico	Putrefacto
Textura	Firme	Flácida y viscosa

Huevo fresco

Temperatura de refrigeración 4 °C o menos

CARACTERÍSTICA	ACEPTE	RECHACE
Cascarón	Cascarón entero y limpio	Cascarón quebrado, con moho o manchado con sangre o excremento
Yemas	Yemas firmes	Con olor azufrado
Claras	Deben envolver bien la yema	Con olor azufrado
Fecha de caducidad o consumo preferente	Huevos frescos (el huevo no debe flotar en agua)	Fecha de caducidad vencida

Lácteos (leche, yogur, crema)

Temperatura de refrigeración 4 °C o menos

CARACTERÍSTICA	ACEPTE	RECHACE
Envase	Limpio y adecuado	Sucio, abierto o inflado
Olor	Característico	No característico, agrio (leche)
Textura	Característico	Mohos (yogur y crema) y grumos (leche)

Quesos frescos y madurados

Temperatura de refrigeración 4 °C o menos

CARACTERÍSTICA	ACEPTE	RECHACE
Envase	Limpio y adecuado	Sucio y abierto
Olor	Característico	
Textura	Bordes enteros y limpios	Manchas no comunes, partículas extrañas y mohos

Se recomienda siempre comprar al final los productos que estén refrigerados o congelados para que la temperatura aumente lo menor posible, de esta manera se reducen las posibilidades de contaminación microbiológica en los alimentos.

Del mismo modo, estos alimentos se deben guardar en bolsas isotérmicas, para mantener la temperatura desde el punto de venta hasta su destino final. Estas bolsas tienen un cerrado autoadhesivo que permite conservar la baja temperatura por largos periodos. Al llegar a casa se deben guardar inmediatamente los alimentos en el refrigerador y congelador.

2.3 » CONTAMINACIÓN CRUZADA

El material para cortar alimentos crudos debe ser siempre el mismo, como cuchillos y tablas de corte, separados del resto del equipo de cocina.

Por definición, la contaminación cruzada es la transferencia que se produce de materia extraña, sustancias tóxicas o microorganismos peligrosos de un alimento a otro.

Una contaminación cruzada frecuentemente se da desde alimentos crudos a alimentos cocidos y se lleva a cabo por contacto directo, donde los vehículos de contaminación pueden ser:

> El mismo personal que manipula los alimentos con sus manos.

> Las mesas, alacenas y espacios donde se colocan los alimentos.

> Los utensilios para cortar carne cruda que posteriormente se utilizan para cortar otros alimentos.

> Los materiales de trabajo como tablas de corte utilizadas para diferentes fines.

La carne roja cruda, así como el pollo y pescado, deben separarse de carnes ya cocidas.

¿Cómo evitar la contaminación cruzada?

> Lavarse las manos con agua y jabón después de manipular alimentos crudos y cocidos.

> Manipular las carnes crudas en un espacio diferente al destinado a los alimentos cocidos o alimentos que están listos para consumirse.

> Utilizar cuchillos para cortar alimentos crudos exclusivamente y tener otra línea de cuchillos para alimentos que no requieren cocción.

> Conservar las carnes en bolsas de plástico bien selladas o recipientes cerrados, al igual que los lácteos, para evitar contaminar con sus jugos y sueros el resto de los alimentos dentro del refrigerador y congelador.

> Todos los alimentos deben guardarse en recipientes herméticos de preferencia de vidrio con tapa de plástico o bolsas sellables para evitar contacto entre ellos.

> Utilizar diferentes tablas de corte con diferentes colores para cierto tipo de alimentos; las tablas pueden ser de polietileno de alta densidad, libre de olores y sabores. Este material es fácil de limpiar y desinfectar, y cumple con los estándares de calidad higiénica.

Utilice una tabla de corte exclusivamente para ajo y cebolla, así no contaminará el sabor de otras frutas y verduras.

Colores de tablas de corte para diferentes alimentos

COLOR/ TABLA DE CORTE		ALIMENTO
Amarillo		Pollo, pavo, conejo, etc.
Azul		Pescados, moluscos, crustáceos, cefalópodos
Blanco		Lácteos
Café		Productos cocinados
Rojo		Carne roja, res, ternera, cordero, etc.
Verde		Frutas y verduras

3

Conservación de alimentos

Una buena higiene al cocinar los alimentos y manipularlos de forma correcta asegurará que sean inocuos, la contaminación microbiológica se previene con una correcta conservación.

3.1 ⟫ ALMACENAMIENTO DE ALIMENTOS NO PERECEDEROS

Los productos alimentarios no deben de almacenarse al ras del piso, aunque estén en cajas o envases.

Los alimentos no perecederos (enlatados, cereales, harinas, miel, aceites, pasta, etc.) son aquellos que tienen un tiempo de vida relativamente largo, por lo que su almacenamiento es en lugares frescos, libres de humedad, ocultos del sol y delimitados del resto de la cocina, en anaqueles y entrepaños lavables hechos de materiales que eviten su contaminación.

Cada alimento o producto deberá almacenarse de manera ordenada e identificar bien la fecha de caducidad para aplicar de manera sencilla un sistema PEPS.

3.1.1 PEPS (Primeras entradas - primeras salidas)

Es una serie de operaciones de almacenamiento que asegura la rotación de los productos de acuerdo con la fecha de caducidad o vida de anaquel que tienen.

Consiste en revisar la fecha de caducidad de cada producto y, al momento de almacenarlo, acomodarlo exactamente por detrás de su similar con fecha de caducidad anterior. De este modo se consumirán los productos en los tiempos adecuados y se les dará una rotación correcta. En caso de que no contenga fecha, se debe rotular con la fecha de ingreso de manera visible.

Almacenar productos con nombre y fecha ayuda a tener un control de PEPS eficiente.

No se debe almacenar en cajas de cartón, madera (huacales) o costales (rafia), ya que éstos pueden portar fauna nociva. Los alimentos se deben almacenar en recipientes limpios, con superficies inertes y tapa e identificados por escrito.

A continuación se presenta la vida de anaquel de algunos productos que pueden mantenerse en la alacena sin abrir, abiertos o en refrigeración. Es importante considerar la fecha de caducidad que indica el fabricante.

Los productos pueden dejarse en la lata abierta siempre y cuando estén cubiertas y en refrigeración.

Vida de anaquel de productos procesados

ALIMENTO PROCESADO	VIDA DE ANAQUEL DEL PRODUCTO CERRADO	TIEMPO EN EL REFRIGERADOR DEL PRODUCTO ABIERTO	TIEMPO EN LA ALACENA DEL PRODUCTO ABIERTO
Aceites	6 meses	4 meses	Fecha de caducidad del producto
Aceites (spray)	2 años	-	Fecha de caducidad del producto
Aderezos comerciales en botella	10 a 12 meses	3 meses	-
Agua embotellada	1 a 2 años	-	Fecha de caducidad del producto
Alimentos enlatados (carne, pescado, pollo, sopas, verduras, etc.)	2 a 5 años	3 a 4 días	-
Arroz blanco	2 años	-	1 año
Avena instantánea	12 meses	-	6 a 12 meses
Azúcar refinada	2 años	-	12 meses
Cereal listo para consumir	6 a 12 meses	-	3 meses
Crema de cacahuate	6 a 9 meses	-	2 a 3 meses
Frutas deshidratadas	6 meses	6 meses	1 mes
Galletas	2 meses	8 a 12 meses (congeladas)	4 semanas
Galletas saladas	8 meses	3 a 4 meses	1 mes
Harina blanca refinada	6 a 12 meses	-	6 a 8 meses
Jugos (ultrapasteurizados)	4 a 6 meses	8 a 12 días	-
Jugos enlatados, fruta enlatada, pepinillo agrio, sopa de tomate, alimentos en salsas de vinagre	12 a 18 meses	5 a 7 días	-
Maicena	18 meses	-	18 meses
Mayonesa comercial	2 a 3 meses	2 meses	-
Mermeladas	12 meses	6 meses	-
Miel	12 meses	-	12 meses
Mostaza	12 meses	12 meses	1 mes, pero conviene refrigerarla

Continúa la tabla

ALIMENTO PROCESADO	VIDA DE ANAQUEL DEL PRODUCTO CERRADO	TIEMPO EN EL REFRIGERADOR DEL PRODUCTO ABIERTO	TIEMPO EN LA ALACENA DEL PRODUCTO ABIERTO
Pan árabe	2 a 4 días	4 a 7 días / 4 meses congelado	
Pan dulce	2 a 4 días	7 a 14 días / 3 meses congelado	
Pasta seca sin huevo	2 años	-	Fecha de caducidad del producto
Pastel de chocolate	1 a 2 días	1 semana / 4 meses congelado	
Pastel de queso	1 a 2 días	1 semana / 2 a 3 meses congelado	
Salsa cátsup	12 meses	6 meses	
Tapioca	12 meses	-	12 meses
Té en bolsita	18 meses	-	12 meses
Tortilla	2 a 4 días	4 a 7 días / 4 meses congelado	
Vinagre	2 años	-	12 meses

Las latas cerradas con golpes, abolladuras, abombadas u oxidadas deben eliminarse.

3.1.2 Fecha de caducidad

Es la fecha límite a partir del cual el alimento ya no es adecuado para su consumo; sus características de calidad y sanitarias ya no son aptas a partir del día inscrito en el envase.

La fecha de caducidad es muy precisa en productos altamente perecederos donde la acción microbiológica es perentoria, como en productos lácteos (leche, crema, yogur, etc.), productos cárnicos curados y cocidos (embutidos, etc.), quesos frescos y madurados, productos de pesca, etc. El consumo de estos alimentos puede ser riesgoso en fechas posteriores a la fecha de caducidad. Dicha fecha siempre deberá tener la leyenda *"día, mes y año"*.

Si un alimento o producto no es manipulado correctamente la fecha de caducidad puede resultar afectada, para ello es recomendable:

> Verificar siempre la fecha de caducidad vigente al momento de comprar el alimento o producto.

> Refrigerar el alimento perecedero lo más pronto posible, congelarlo si es necesario.

> Verificar si la fecha de caducidad se modificará al congelar un producto perecedero a una temperatura mayor a -18 °C.

> Seguir las recomendaciones de manipulación del producto que presenta el fabricante.

La fecha de caducidad señala cuándo el producto, almacenado en las condiciones indicadas, no tendrá probablemente los atributos de calidad que normalmente esperan los consumidores. Después de esta fecha, no se considera comercializable el alimento.

3.2» CONSERVACIÓN POR FRÍO DE ALIMENTOS PERECEDEROS

Los alimentos perecederos son aquellos que tienen un tiempo de vida corto, su almacenamiento debe ser a temperatura controlada para disminuir la acción microbiológica y asegurar su inocuidad.

3.2.1 Refrigeración

Las bacterias existen en el suelo, el aire, el agua y, por ende, en los compuestos que contengan estos elementos. Los alimentos, al tener agua y cierto contenido de nutrimentos, favorecen el rápido crecimiento de bacterias, sobre todo cuando se desarrollan a determinadas temperaturas; lo que provoca enfermedades cuando se ingieren.

El rango de temperatura donde las bacterias crecen se encuentra entre los 4 y los 60 °C. Un refrigerador que mantenga la temperatura por debajo de los 4 °C, conserva en buen estado los alimentos y controlando el crecimiento bacteriano.

Para conocer la temperatura es necesario consultar el termómetro específico colocado en la parte superior interna de la puerta del refrigerador, a distancia fácilmente visible. La temperatura siempre deberá ser a 4 °C o menos.

Los alimentos refrigerados deben estar lejos de la temperatura peligrosa, por lo que es necesario trasladarlos inmediatamente del punto de compra a refrigeración. Las bolsas isotérmicas son de gran ayuda, ya que están forradas con materiales aislantes (material metalizado) y cuentan con cerrado autoadhesivo que permite conservar la baja temperatura por largos periodos.

La temperatura del refrigerador debe mantenerse siempre a 4 °C o menos.

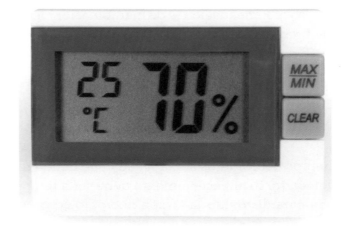

Termómetro para refrigerador.

Frutas. La mayoría de frutas y verduras deben mantenerse en refrigeración en los cajones que están ubicados en la parte inferior.

Frutas que pueden quedar fuera de refrigeración.

Algunas frutas pueden mantenerse a temperatura ambiente, aunque deben refrigerarse después de alcanzar su punto ideal de maduración. Algunos ejemplos son:

> piña   > plátano

> mamey   > mango

> ciruela   > nectarina

> kiwi   > tuna

> pera   > manzana

> papaya   > guayaba

> durazno   > melocotón

> chicozapote > toronja

> jitomate   > tomate

> aguacate   > chabacano

> melón   > pitahaya

Termómetro bimetálico.

Refrigere las frutas y verduras sin lavar y lávelas y desinféctelas al momento de consumirse.

Quesos. Éstos deberán conservarse en bolsas de plástico resellables o, si es posible, en un recipiente destinado para quesos, la mayoría de los refrigeradores tienen un anaquel o cajón especialmente diseñado.

Productos cárnicos. Tanto carnes como pescados frescos deben mantenerse en la parte baja del refrigerador (por encima de los cajones), en bolsas de plástico resellables o en recipientes de vidrio con tapa, para evitar que sus jugos escurran y contaminen otros alimentos. Éstos podrán guardarse de 1 a 2 días.

Comida preparada. Las sobras de alimentos de otros días se pueden mantener por 4 días como máximo.

Es importante mantener limpio el refrigerador. Si se derrama algún líquido, será necesario limpiarlo inmediatamente con un papel absorbente, lavar con agua y jabón y enjuagar. Si es difícil eliminar los olores, se puede utilizar una solución de agua y vinagre en partes iguales y limpiar perfectamente todas las secciones del refrigerador con un trapo limpio, frotar la superficie con solución desinfectante y dejar secar.

Para mantener el refrigerador sin olores puede colocar un poco de bicarbonato de sodio en un recipiente abierto. No se deben utilizar agentes abrasivos o solventes, ya que el sabor ligeramente químico puede migrar a los alimentos.

Tiempos de permanencia de algunos alimentos en el refrigerador

PRODUCTO	EN REFRIGERACIÓN
Aguacate	3 a 5 días
Apio	5 días
Brócoli	5 días
Calabaza	5 días
Camote	7 a 14 días
Carne de res molida	1 a 2 días

Continúa la tabla

PRODUCTO	EN REFRIGERACIÓN
Carne de res fresca (cualquier corte)	1 a 2 días
Cebolla	7 a 14 días
Chile poblano	5 días
Claras o yemas crudas	2 a 4 días
Espinaca	5 días
Huevo cocido	1 semana
Huevo fresco con cáscara	3 a 5 semanas
Jamón cocido en rebanadas	3 a 4 días
Leche pasteurizada	7 días (abierto el empaque)
Lechuga	5 días
Limones	30 días
Mantequilla	2 semanas
Manzanas	2 semanas
Mariscos	1 a 2 días
Pan de dulce	1 a 3 días
Papa	30 días
Pollo o pavo entero	1 a 2 días
Pollo o pavo en piezas	1 a 2 días
Pescado	1 a 2 días
Queso cottage	5 a 7 días (abierto el empaque)
Queso panela y requesón	3 a 7 días
Queso ricotta	5 a 7 días
Queso ranchero, sierra, asadero	4 a 7 días
Salchicha cruda de res o pollo	1 a 2 días
Salchicha ahumada	7 días
Sopas	3 a 4 días
Tocino	7 días
Uvas	3 a 5 días
Zanahoria	5 días

El termómetro se coloca en la parte superior interna de la puerta del congelador, y que sea fácilmente visible. La temperatura deberá estar siempre a -18 °C o menos.

El huevo se puede congelar siempre y cuando se emplee hervido al consumirlo.

3.2.2 Congelación

La congelación es un sistema de conservación que consiste en aplicar temperaturas por debajo de los 0 °C al alimento convirtiendo gran parte del agua en hielo.

El proceso elimina algunos microorganismos e inhibe el desarrollo de otros tantos, por lo que los alimentos a congelar deberán estar en su mejor condición sanitaria y microbiológica. Sin embargo, al descongelar los alimentos, los microorganismos se vuelven a activar y se multiplican como en un alimento fresco, pudiendo provocar enfermedades transmitidas por alimentos.

La temperatura ideal de congelación debe estar por debajo de los –18 °C, ya que a esta temperatura la mayoría de las bacterias no se reproducen. Es importante verificar que el congelador no tenga variaciones importantes de temperatura, ya que dichas fluctuaciones pueden afectar el alimento o producto. Para ello es necesario colocar un termómetro específico para congelador y así monitorear la temperatura.

Los alimentos procesados se deben congelar en su empaque original. Si es necesario separar las porciones, se puede realizar en bolsas individuales de polietileno o en recipientes de vidrio bien sellados. Si el alimento se compra al vacío, es necesario congelarlo lo más pronto posible después de su compra. Si la congelación será por un largo periodo, el producto debe cubrirse con otra bolsa de polietileno.

Casi todos los alimentos se pueden congelar excepto: productos enlatados, lechuga y huevo con cascarón. Si el alimento se saca de la lata o el huevo del cascarón, entonces es posible congelarlo.

A continuación se presentan algunos ejemplos de alimentos y el tiempo que pueden permanecer en el congelador.

Tiempos de permanencia de algunos alimentos en el congelador

PRODUCTO	EN CONGELACIÓN
Almejas sin conchas	3 a 4 meses
Atún	2 a 3 meses
Berenjena	6 a 8 meses
Betabel	6 a 8 meses
Brócoli	10 a 12 meses
Calabaza	10 a 12 meses
Camarón, vieiras, calamar y cangrejo de río	3 a 6 meses
Cangrejo fresco	4 meses
Carne de res cruda (molida)	3 a 4 meses
Carne de res cruda (corte entero)	4 a 12 meses
Carne de res cocida	2 a 3 meses
Coliflor	10 a 12 meses
Elote	8 meses
Espárragos	8 meses
Espinaca	10 a 12 meses
Hongos	10 a 12 meses
Jamón cocido empaquetado y en rebanadas	1 a 2 meses
Jengibre	1 mes
Jitomate	2 meses
Langosta	2 a 3 meses
Mariscos cocidos	3 meses
Mejillones	2 a 3 meses
Papa cocida	10 a 12 meses
Pollo o pavo (entero) crudo	12 meses
Pollo o pavo (en piezas) crudo	9 meses
Pollo o pavo (en piezas) cocido	4 meses
Pescado empanizado (crudo)	3 a 6 meses
Patas de cangrejo	9 a 12 meses

Continúa la tabla

PRODUCTO	EN CONGELACIÓN
Salmón	2 a 3 meses
Salmón ahumado empacado al vacío	6 meses
Salchicha ahumada	1 a 2 meses
Sopas	2 a 3 meses
Tocino	1 mes
Quesos madurados	6 meses
Zanahoria	10 a 12 meses

3.2.3 Descongelación

El proceso de descongelar un alimento requiere cierta supervisión, debido a que es importante que el alimento no aumente su temperatura más allá de los 4 °C. Para ello es necesario descongelarlo mediante cualquiera de los siguientes procedimientos:

> Pasarlo al refrigerador.

> Descongelarlo en el microondas en pequeñas porciones.

Una porción pequeña de alimento se puede descongelar en refrigeración en aproximadamente 12 horas (de la noche a la mañana); aquéllas de mayor tamaño pueden tomar entre 1 y 2 días. En caso de descongelarlo en el microondas es necesario cocinar el alimento inmediatamente después de descongelarlo.

Al emplear otros métodos para descongelar, como dejar el alimento al sol, en el lavaplatos, en el área de preparación de alimentos, etc., se corre el riesgo de que se contamine.

Los alimentos descongelados no deberán congelarse nuevamente.

Un alimento descongelado debe cocinarse lo antes posible.

3.3 >> CONSERVACIÓN POR CALOR DE ALIMENTOS PERECEDEROS

3.3.1 Temperaturas adecuadas de cocción

Para que un alimento cocinado sea inocuo es imprescindible controlar su temperatura, ya que una gran cantidad de microorganismos patógenos se destruyen a una temperatura mayor de 60°C. El alimento puede tener un aspecto cocido, pero estar por debajo de los 60 °C, por lo que su aspecto físico no asegura que el producto esté fuera de la zona de peligro.

Antes de utilizar el termómetro es importante verificar que se encuentra bien calibrado. Mida la temperatura de agua con hielo: ésta debe ser estabilizada por un minuto a que tenga 0 °C; si el termómetro no marca esta temperatura se debe ajustar a 0 °C.

Para asegurarse de que el alimento cocido sea inocuo, es imprescindible medir su temperatura interna. La forma más certera es empleando un termómetro para verificar que el producto se ha cocido adecuadamente y está apto para su consumo.

Para medir correctamente la temperatura se tiene que emplear un termómetro de tallo bimetálico (ver pág. 43). Éste se introduce hasta la parte más gruesa del

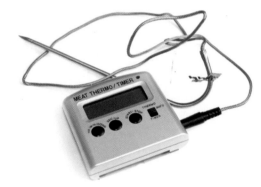

alimento (que es donde más tarda en aumentar la temperatura) y se toma la medición. Verifique las instrucciones del termómetro, ya que la mayoría mide la temperatura entre 15 y 20 segundos, aunque algunos otros pueden tardar entre 1 y 2 minutos. Es importante recalcar que este tipo de termómetros no pueden mantenerse dentro del alimento cuando está en contacto con el calor (por ejemplo, el horno o al estar sobre la flama). Para medir la temperatura se debe retirar el alimento del horno o retirarlo del fuego directo.

Los termómetros con sonda pueden colocarse en la parte interna del horno y dar seguimiento a la temperatura sin necesidad de abril la puerta del horno.

A continuación se presentan las temperaturas internas de cocción recomendadas de diferentes alimentos.

Temperatura interna de cocción para diferentes alimentos

ALIMENTO	TEMPERATURA INTERNA DE COCCIÓN (°C)
Arroz	63
Caldos	63
Carnes rellenas	74
Cerdo (carne molida)	74
Filete de res	63
Flanes	74
Frijoles	63
Huevo (cocer hasta que clara y yema estén firmes)	74
Jamón fresco crudo	63
Jamón precocido	60
Pastas	63
Pastas con carne, pollo o pescado	74
Pato y ganso	74
Pavo (carne molida)	74

Después de utilizar el termómetro, éste debe lavarse con agua y jabón y secarse perfectamente con un papel absorbente.

Continúa la tabla

ALIMENTO	TEMPERATURA INTERNA DE COCCIÓN (°C)
Pavo entero	74
Platillos de verduras con pollo, res o pescado	74
Pechuga de pavo asada	74
Pechuga de pollo asada	74
Pescado	74
Pollo (cualquier pieza)	74
Pollo entero	74
Res o ternera (carne molida)	74
Soufflés	74
Sopas o Cremas	74
Verduras	63

El recalentamiento debe hacerse inmediatamente al sacar el alimento del refrigerador y llevarlo a una temperatura interna de 74 °C por 15 segundos por lo menos.

3.4 》 LA ZONA DE PELIGRO

Se le denomina zona de peligro al rango de temperatura entre los 4 °C y los 60 °C. En este rango las bacterias, levaduras y hongos pueden llegar a crecer y multiplicarse a niveles que pueden causar una enfermedad. La zona de peligro aplica a los productos potencialmente peligrosos (por ejemplo, las frutas y verduras frescas no son el caso).

Los alimentos deben conservarse siempre a menos de 4 °C y a más de 60 °C.

En la zona de peligro los microorganismos llegan a multiplicarse cada 20 minutos. Además del tiempo, factores como la humedad, la alta cantidad de nutrimentos y la presencia de oxígeno, otorgan a los microorganismos un ambiente ideal para su crecimiento.

Para evitar el crecimiento microbiológico es imprescindible mantener los alimentos fuera de la zona de peligro, ya sea en refrigeración o congelación por debajo de los 4 °C o calentándolos a una temperatura mayor a los 60 °C.

Es importante vigilar la comida que se tenga sin refrigerar o sin calentar y no se haya consumido, ya que ésta no debe permanecer así por más de dos horas.

Si un alimento permanece fuera del refrigerador por más de 2 horas debe desecharse.

Si la comida continúa caliente y se desea guardar deberá enfriarse lo más rápido posible.

Para ello el alimento se puede colocar en un recipiente de poca profundidad, de preferencia de vidrio, y sobre una cama de hielo para reducir rápidamente la temperatura.

Los alimentos más vulnerables para contraer una ETA (enfermedad transmitida por alimentos) son:

> Productos lácteos.

> Carne, pollo, pavo, pescados y mariscos crudos.

> Vísceras.

> Pasta cocida, arroz cocido, leguminosas cocidas, etc.

> Postres con crema batida.

> Platillos preparados a base de cremas, quesos, huevo, etc.

> Salsas de todo tipo.

> Frutas y verduras previamente cocidas, mal lavadas o en mal estado.

Alimentos altamente vulnerables para contraer una ETA.

A continuación se presentan de manera gráfica las temperaturas seguras e inseguras de los alimentos (°C).

115°

115 °C (240 °F) Temperatura a la que se someten verduras bajas en ácidos, carnes y pollo antes de enlatarse.

100 °C (212 °F) Temperatura a la que se someten frutas, jitomates y encurtidos antes de enlatarse.

100°

74 °C (165 °F) Temperatura de recalentado.

74 °C (165 °F) Temperatura mínima a la que deben llegar productos cárnicos, mariscos, pescado, productos hechos con huevo y cremas.

71 °C (160 °F) Se eliminan casi todas las bacterias. El tiempo requerido disminuye conforme se aumenta la temperatura.

74°

71°

63 °C (145 °F) Temperatura mínima a la que deben llegar filete de res, caldos, verduras, pastas y leguminosas.

60 °C (140 °F) Una baja cocción a esta temperatura previene el crecimiento de bacterias, pero no las elimina por completo.

63°

60°

51 °C (124 °F) La mayoría de las bacterias sobreviven y algunas siguen desarrollándose.

51°

LA ZONA DE PELIGRO

Efectos de la temperatura a las bacterias en la comida. El rango de peligro se encuentra entre los 4 °C y los 60 °C.

15 °C (60 °F) Desarrollo rápido de las bacterias. Algunas pueden producir toxinas.

15°

4 °C (40 °F) Desarrollo de algunas bacterias dañinas. / Temperatura del refrigerador.

4°

0 °C (32 °F) Desarrollo parcial de algunas bacterias dañinas.

0°

-18 °C (0 °F) Algunas bacterias sobreviven, pero no hay desarrollo. / Temperatura del congelador.

-18°

3.5 » MATERIALES INOCUOS

Durante la preparación y conservación de alimentos se utiliza un gran número de cacerolas, ollas, cucharas, pinzas, palas y demás utensilios de cocina, además de platos, tazas, vasos para servir los alimentos; sin embargo, cada una puede estar hecha de un material diferente, factor que hay que tener en consideración.

3.5.1 Vajilla

La loza utilizada para servir los alimentos, ya sea fríos o calientes, deberá ser de un material inocuo como el vidrio, vidrio laminado o cerámicas horneadas.

Dentro de las características que se deben considerar al elegir una vajilla de uso diario se encuentran:

> Elaborada con materiales inocuos.

> Elaborada con materiales no tóxicos.

> Fácil de desincrustar.

> Fácil de lavar.

> Fácil de desinfectar.

> Que sea un material liso.

> Que no sea poroso.

> Elaborada sin sustancias que interactúen con los alimentos y modifiquen sus propiedades.

> Elaborada con materiales resistentes.

Loza de material inocuo.

Verifique si presenta certificado o sello de algún organismo oficial que avale su uso para alimentos. Este certificado comprueba que la loza se ha sometido a diversos controles de calidad que garantizan que puede ser utilizada para contener alimentos.

Si alguna pieza se encuentra agrietada o con alguna fisura es necesario eliminarla inmediatamente.

3.5.2 Inmobiliario de la cocina

El acero inoxidable es el material más utilizado en el inmobiliario de la cocina, ya que tiene ciertas características preferidas por los consumidores; es durable, se limpia y desinfecta fácilmente y es de gran resistencia. Sin embargo, no es el único material, también está la piedra natural o granito, y el Corian y el Zodiac (ambos comercializados por Dupont®). Todos estos materiales cumplen con los siguientes requisitos:

> No transmiten ningún olor, sabor o color al alimento.

> Resistentes a la temperatura (a los cambios de temperatura).

> Resistentes a la acidez.

> Resistentes a los jabones y detergentes.

> Resistentes a la oxidación.

> Resistentes a la corrosión.

Existen algunos plásticos inocuos, resistentes a los detergentes y a los ácidos y con baja conductividad térmica. Éstos actualmente tienen grandes aplicaciones en los materiales utilizados en la cocina.

Las superficies del inmobiliario deben ser:

> Lisas.

> Que se puedan limpiar fácilmente.

> Que se puedan desinfectar fácilmente.

> Que no sean porosas.

> Que sean superficies planas y continuas.

> Estables.

Al almacenar los alimentos dentro de los refrigeradores, congeladores o alacenas, deben utilizarse recipientes con tapas de materiales con superficie lisa. Los utensilios para preparar los alimentos deberán ser de superficie inerte, fáciles de lavar y desinfectar y con alta dureza y fáciles de desincrustar.

3.5.3 Utensilios de cocina

Algunos utensilios de cocina están elaborados con materiales que pueden contaminar al alimento cuando se lleva a cabo el proceso de cocción, como el caso del cobre y el plomo. Por ello es necesario considerar materiales totalmente inocuos que al someterlos a altas temperaturas no afecten el alimento.

Según la norma mexicana NMX-F-605-NORMEX-2004- los materiales que pueden tener contacto con los alimentos son:

> Vidrio.

> Acero inoxidable.

> Resinas de nylon.

> Polipropileno (tuppers).

> Policloruro de vinilo (garrafones).

> Aluminio.

> Polietileno de alta densidad (envases de leche de galón).

> Policarbonato (moldes chocolate).

> Polietilentereftalato (PET).

Se recomienda que al momento de adquirir un utensilio de cocina, éste presente un certificado o sello de algún organismo oficial que avale su uso para manipular alimentos. Este certificado comprueba que se ha sometido a diversos controles y pruebas garantizando que el producto puede estar en contacto con los alimentos.

Es importante revisar el estado de los utensilios, por ejemplo, las ollas de cocina no deben tener fisuras o ralladuras elaboradas por cucharas metálicas. También se pueden formar grietas en algunos recipientes que pueden alojar microorganismos patógenos.

A continuación se enumera una lista de materiales permitidos para elaborar los utensilios de cocina, así como características y cuidados.

Acero inoxidable. Es una muy buena opción para llevar a cabo los procesos de cocción de los alimentos. Existen ollas de acero inoxidable con superficie externa de cobre o aluminio que permite un calentamiento más rápido y uniforme.

Barro. Se debe tener precaución de no emplear material de barro con esmaltes plomados (se nota si están plomados al verse tornasolados), así como vasijas que tengan un barnizado cuarteado. Los alimentos con alto contenido de acidez promueven la migración de plomo del utensilio al alimento.

Aluminio. Los utensilios de aluminio deberán tener revestimiento; sin éste pueden calentarse excesivamente causando quemaduras. Con este material se fabrican cacerolas, cucharas, ollas, vaporeras, entre otros.

Cobre y latón. Deben estar cubiertos de revestimiento para no entrar en contacto directo con los alimentos. Existen recipientes antiguos que contienen níquel o estaño, éstos no deben utilizarse para cocinar.

Teflón. Algunas ollas y sartenes presentan, además, un revestimiento antiadherente de politetrafluoroetileno (PTFE), conocido comercialmente como teflón. Este material tiene la ventaja de ser resistente a la abrasión, protege contra la adhesión y corrosión y es de fácil limpieza.

Vidrio. Existen marcas comerciales que son buenas opciones como utensilios en la cocina. Tienen la característica de ser vidrio con gran estabilidad, resistente a altas temperaturas de cocción y al choque térmico, una gran vida útil, inocuos y no migran olor o sabor al alimento.

Para conservar los alimentos en refrigeración existen recipientes de vidrio con tapa y sellables.

Policarbonato. Es un termoplástico, resistente a las variaciones de temperaturas, no absorbe humedad y es fácil de lavar. Se usa en la fabricación de escurridores, pinzas, cucharas, cucharas medidoras, bandejas, escurridores, insertos, jarras, etcétera.

Polipropileno. Es un termoplástico, resistente a las variaciones de temperaturas, a los medios tanto ácidos como alcalinos y a la corrosión; no absorbe humedad y es fácil de lavar. Con este material se fabrican cuchillos, bandejas, palas, espátulas, etcétera.

Polietileno de alta densidad. Tiene gran resistencia química y resiste a la corrosión. Es ligero con buena resistencia al impacto y no absorbe humedad. Se utiliza en la fabricación de tablas para cortar alimentos. Cuando está rayada se debe de eliminar.

Silicón. Es un plástico resistente a diferentes temperaturas, con propiedades antiadherentes y alta flexibilidad. No absorbe humedad y se lava fácilmente. Usa para fabricar espátulas y moldes para repostería.

Nylon. Es un termoplástico resistente a las variaciones de temperatura, con buena flexibilidad, resiste el contacto con grasas, aceites y sustancias corrosivas y es fácil de lavar. Se aplica en la fabricación de duyas, espátulas para el sector pastelero, para repostería y fabricación de brochas.

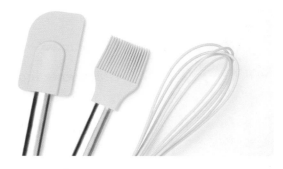

Poliestireno. Existen varios tipos de poliestireno, aunque el más conocido es el unicel, que se emplea para guardar alimentos. Tiene la capacidad de conservar la temperatura de los alimentos por tiempo prolongado al ser un aislante. Si bien es un material inocuo, es contaminante.

3.6 » CONSERVACIÓN CORRECTA EN EL REFRIGERADOR

Cada espacio en el refrigerador tiene otra función de almacenamiento y está diseñado para colocar diferentes tipos de alimentos, sin embargo antes de checar la distribución es necesario considerar:

La distribución de los recipientes dentro del refrigerador deberá ser siempre ordenada y procurar dejar espacios libres entre ellos para que el aire circule eficientemente.

> Colocar un termómetro en la parte superior interna de la puerta del refrigerador, que sea fácilmente visible.

> Verificar que la temperatura sea siempre de 4 °C o menor.

> Mantener siempre las puertas cerradas del refrigerador, para mantener la temperatura interna.

> No introducir alimentos calientes. Enfríelos para poder colocarlos dentro del refrigerador.

> Mantener el refrigerador limpio y seco.

> Acomodar ordenadamente los alimentos.

> Mantener todos los alimentos en recipientes tapados hechos con materiales adecuados para su conservación.

> Verificar que la etiqueta de cada recipiente indique qué producto es y la fecha de producción.

> Verificar la fecha de caducidad de los productos comerciales.

> Emplear el sistema PEPS (ver pág. 38) si se tienen varios productos con fechas de caducidad diferentes.

> No saturar el refrigerador, ya que no podrá circular bien el aire y por ende no se mantendrá a una temperatura de 4 °C.

El orden ideal de los alimentos en el refrigerador es el siguiente:

En el primer y segundo estante se puede colocar el huevo y los alimentos cocinados o ya preparados, así como los procesados que requieren refrigeración después de ser abiertos.

En caso de contar con cajones especiales para embutidos y quesos, se deben mantener los productos envueltos individualmente.

Por encima de los cajones, cuya temperatura es más baja que en el resto del refrigerador, se pueden colocar los productos animales como pescado, pollo y carne de res cruda. Es necesario envolverlos perfectamente bien en bolsas de plástico o guardarlos en recipientes con tapas herméticas y lisas, de preferencia diseñadas específicamente para este fin.

En las puertas pueden colocarse aderezos, mostazas, jugos, bebidas, salsas, etc.

Los cajones de la parte inferior están diseñados para colocar fruta y verdura. Es importante tener cada fruta en bolsas de plástico limpias e individuales.

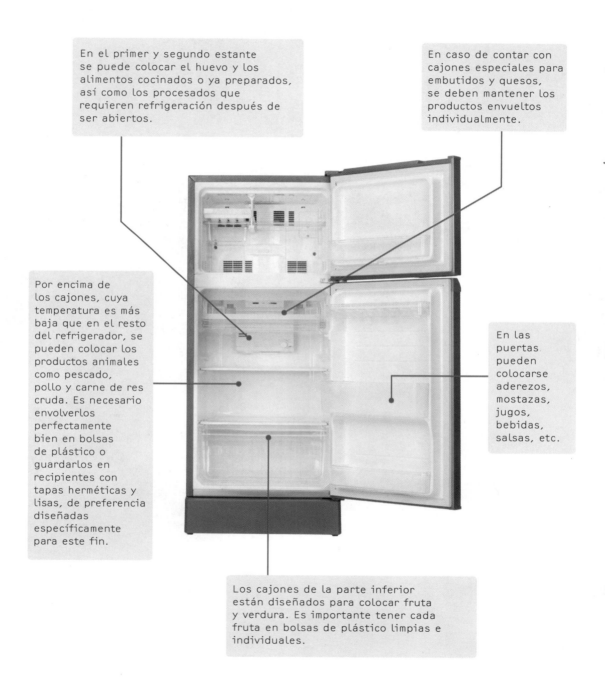

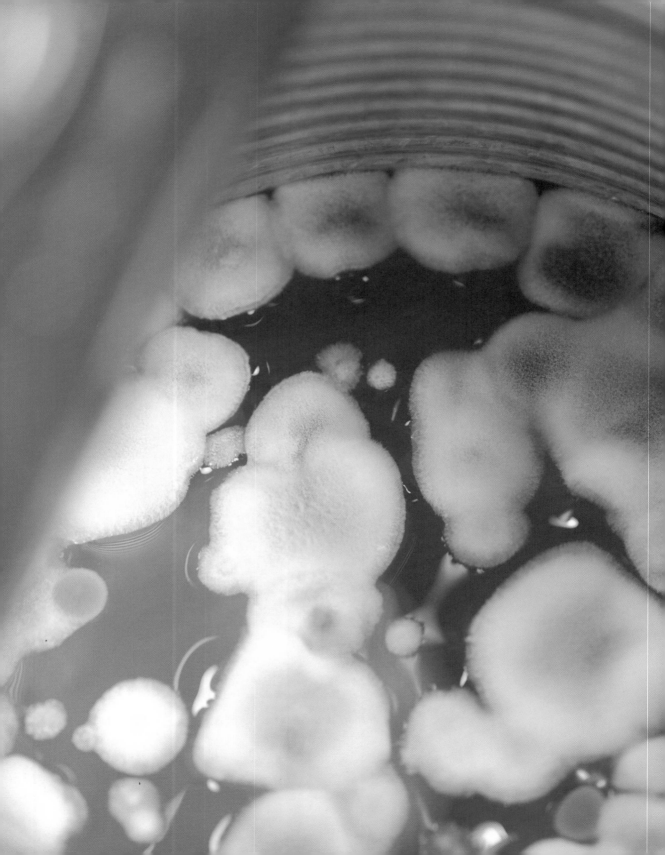

4

Inocuidad de los alimentos

Los alimentos no inocuos representan un serio problema de salud para el ser humano desde que comenzó la historia del hombre. Las Enfermedades Transmitidas por Alimentos, ETA por sus siglas, afectan sobre todo a países en desarrollo, como el caso de México; pero pueden prevenirse en mayor medida mientras más se conozca sobre éstas.

4.1 >> ENFERMEDADES TRANSMITIDAS POR ALIMENTOS (ETA)

Las Enfermedades Transmitidas por Alimentos, ETA, se generan al consumir alimentos o bebidas contaminadas. Existe una gran variedad de microorganismos responsables de estas enfermedades, así como de diversas infecciones transmitidas a través de los alimentos. La contaminación de alimentos ocurre cuando los microorganismos se trasladan de un espacio a otro.

Diariamente mueren personas en el mundo debido a las enfermedades provocadas por consumir alimentos contaminados, situación que puede prevenirse totalmente a través de una manipulación correcta de éstos. El problema se incrementa en países no desarrollados o en vías de desarrollo como México.

Los signos y síntomas más comunes que se presentan por las ETA son:

Se calcula que hay más de 200 enfermedades transmitidas a través de los alimentos.

> Diarrea.

> Dolor estomacal.

> Fiebre.

> Vómito.

> Dolor de cabeza.

> Deshidratación .

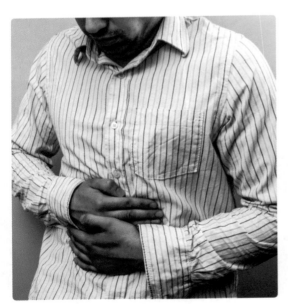

Esta sintomatología puede presentarse inmediatamente o después de algunas horas, días o semanas posteriores a la ingestión de los alimentos. Algunas ETA pueden provocar problemas de salud con repercusiones durante largos periodos.

Un alimento puede ser contaminado antes, durante y después de su preparación y manipulación:

> Antes: Si durante el sacrificio del animal, éste entra en contacto con heces, si las frutas y verduras se riegan con aguas negras, etcétera.

> Durante: Si la persona que los prepara está enferma o no se lavó las manos, si el alimento cocido sufre una contaminación cruzada a través de otro producto al usar el mismo cuchillo o la tabla errónea, etcétera.

> Después: Si no se mantiene en las condiciones de temperatura adecuadas, como no refrigerarlo por la noche, etcétera

Los alimentos más susceptibles a contaminarse son todos los productos crudos de origen animal: carne de res, de pollo, de pescado, mariscos, huevo, leche y embutidos. También algunas frutas y verduras (sobre todo cuando se hacen jugos frescos con ellas), así como los germinados de alfalfa, lenteja y soya son altamente susceptibles a contaminarse por las condiciones higiénicas desde su cultivo, cosecha, conservación y traslado a los centros de compra.

Los alimentos pueden contaminarse por tres tipos de transmisión: biológica, química y física.

4.1.1 Contaminación biológica

Las enfermedades transmitidas por este medio son:

> **Infecciones transmitidas por alimentos.** Se presentan cuando se consumen alimentos que contienen microorganismos patógenos de enfermedades como hepatitis A, salmonelosis, parasitosis, etcétera.

> **Intoxicaciones causadas por alimentos.** Cuando se consumen alimentos que contienen toxinas; generalmente no producen olor ni sabor, por lo que no son detectables. Ejemplo de éstas es el botulismo (en enlatados y embutidos) o las aflatoxinas (en los cereales o el cacahuate).

> **Toxi-infecciones causadas por alimentos.** Se presentan cuando se consumen alimentos con una gran cantidad de microorganismos que liberan toxinas cuando ya son ingeridos. Ejemplo de éstas es el cólera.

4.1.2 Contaminación química

Las ETA pueden causarlas también sustancias químicas tóxicas presentes en:

> Productos de limpieza.

> Contaminantes ambientales.

> Plaguicidas.

4.1.3 Contaminación física

Existen agentes externos a la comida que pueden contaminarla, sobre todo durante su manipulación.

> Metales o fragmentos de metales presentes en recipientes de alimentos (grapas).

> Vidrio.

> Cabellos.

> Tierra o piedras pequeñas.

> Aretes.

> Uñas.

4.2 » MICROORGANISMOS

Los microorganismos son bacterias, virus, levaduras, hongos y parásitos, invisibles para el ojo, y pueden ser inofensivos para el ser humano o potencialmente peligrosos, dependiendo de su acción en el organismo. Es normal que estemos en contacto con ellos todo el tiempo al estar presentes en la tierra, el agua, el aire, en animales domésticos o de consumo, en ratas, en insectos, en personas y en sus fluidos.

Algunos microorganismos inofensivos se emplean para la fabricación de alimentos como queso, vino, yogur, cerveza, etc.; algunos otros se emplean para la fabricación de algunas medicinas; otros tantos se encuentran en nuestro propio organismo y ayudan a la digestión de los alimentos; y algunos cuantos pueden descomponer los alimentos modificando olor, sabor o modificar la textura del alimento, pero sin llegar a provocar enfermedades al ser humano.

Alimentos elaborados con microorganismos inofensivos.

Los microorganismos no inocuos y potencialmente peligrosos se denominan patógenos, debido a que son capaces de producir enfermedades que repercuten a la salud llegando, incluso, a provocar la muerte. El problema es que algunos no necesariamente afectan la calidad sensorial de los alimentos, pueden estar presentes en él sin haber modificado el aspecto o sabor del alimento.

Condiciones como el medio ambiente caluroso (temperaturas en zona de peligro) y la humedad son ideales para el rápido crecimiento de microorganismos en alimentos como carne, pollo, pescado, marisco, queso, huevo, platillos preparados a base de lácteos, productos frescos, etcétera.

Los microorganismos que pueden llevar al cabo una transmisión alimentaria son las bacterias, los parásitos, los virus y los hongos:

4.2.1 Bacterias

Si bien existen bacterias que no causan enfermedades, como el *Lactobacillus bulgaricus* que produce el yogur, las bacterias pueden causar infecciones en el tracto gastrointestinal; algunas de éstas pueden estar presentes en el alimento al momento de comprarlo. Las bacterias pueden llegar a contaminar los alimentos haciéndolos peligrosos para su consumo.

Campylobacter jejuni.

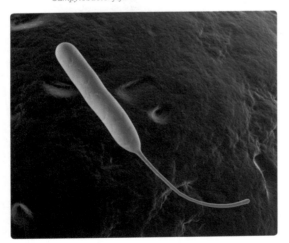

Campylobacter jejuni
Bacteria que se puede propagar a través del consumo de pollo mal cocido, leche no pasteurizada y otros alimentos de origen animal. Ocasiona fiebre, calambres abdominales y diarrea. Es la causa mayormente identificada de diarreas a nivel mundial.

Clostridium botulinum

Bacteria que crece con baja presencia de oxígeno, produce una neurotoxina altamente tóxica, la cual causa una severa enfermedad llamada botulismo. Ésta se transmite por los alimentos, cuando se ingieren toxinas previamente formadas en el mismo. Este microorganismo se puede encontrar generalmente en alimentos envasados de forma casera (embutidos, quesos, patés, etc.) y raramente en alimentos comerciales; ya que el proceso de enlatado elimina las esporas del *Clostridium botulinum*. El botulismo causa náusea, vómito y dolor abdominal, a medida que avanza afecta el sistema nervioso a nivel motor y autónomo. Se vuelve sintomático de 12 a 72 horas. La enfermedad es infrecuente, pero debe atenderse urgentemente para reducir síntomas graves.

Salmonella spp.

Género de bacterias que se pueden propagar a través del consumo de diferentes alimentos de origen animal crudos, sobre todo aves, aunque también por mariscos y productos lácteos; puede estar presente en la cáscara de huevo y en manos de portadores asintomáticos. Presenta fiebre tifoidea, así como diarrea, fiebre y dolor abdominal.

Escherichia coli

Bacteria presente en el ganado vacuno y otros animales. Se puede propagar a través de carne molida cruda o mal cocida, leche no pasteurizada, jugos y productos frescos, heces de la vaca, agua para beber contaminada, etc. Produce diarrea aguda, calambres abdominales y fiebre; puede producir síntomas gastrointestinales.

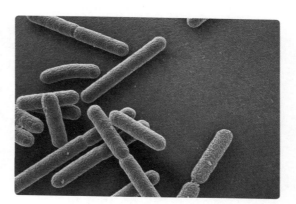

Escherichia coli.

Shigella spp.

Género de bacterias que se encuentran en personas infectadas o en agua contaminada con deposiciones infectadas y se transmite de persona a persona. Si una persona presenta

Shigella y no se lava bien las manos después de ir al baño, puede contaminar los alimentos al prepararlos. Esta bacteria causa diarrea y dolor abdominal 1 o 2 días después de estar expuesto ella. En algunas ocasiones es asintomática.

4.2.2. Parásitos

Son huevecillos u organismos microscópicos que viven dentro de otro organismo. Éstos se encuentran en aguas contaminadas y pueden entrar en contacto con los alimentos durante cultivo o lavado y contaminarlos; también si no se lavan bien las manos después de ir al baño y antes de manipular los alimentos.

La Organización de las Naciones Unidas para la Alimentación y la Agricultura (FAO), así como la Organización Mundial de la Salud (OMS) han presentado una lista de los parásitos transmitidos por los alimentos con mayor impacto a nivel mundial, basada en el daño que producen.

Echinococcus multilocularis
Parásito con forma de gusano que provoca la infección conocida como hidatidosis. Común en zonas de África, Medio Oriente, Asia central y sudamérica, habita en perros y gatos domésticos. Su transmisión se da a través de los huevecillos presentes en alimentos contaminados como frutas, verduras y agua. La infección puede llegar a nivel hepático donde se forman quistes, puede no tener sintomatología durante 10 a 20 años. Los síntomas aparecen cuando son fiebre, tos y dolor en el tórax.

Trichinella spiralis
Parásito que produce una enfermedad conocida como triquinosis. Ésta se transmite por ingestión de carne cruda o mal cocida de animales domésticos, especialmente cerdo, y de animales silvestres como tejones y tortugas. Después de consumir la carne contaminada, los quistes de este parásito se incuban a nivel intestinal hasta llegar a ser nemátodos adultos (gusanos) que migran por el torrente sanguíneo a los tejidos musculares. Los quistes pueden permanecer muchos

años vivos. Los síntomas de la triquinosis son fiebre, dolor de cabeza, dolor y debilidad muscular, diarrea e hinchazón alrededor de los ojos.

Opisthorchiidae spp.

Familia de parásitos en forma de gusanos planos. Entre ellos se encuentran la *Opisthorchis viverrini* (conocida como fasciola hepática), *O. felineus* y *Clonorchis sinesis*. Frecuente en países de Asia y el este de Europa, se transmite al ser humano mediante el consumo de pescado crudo o mal cocido. Depende del gusano, es la enfermedad que puede causar, por ejemplo la opistorquiasis, por la *O. viverrini*, y la clonoquiasis por la *Clonorchis sinesis*.

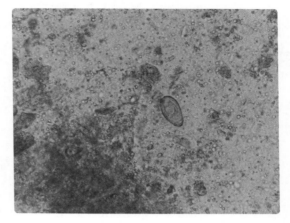

Opisthorchis viverrini.

Trypanosoma cruzi

Parásito que produce la enfermedad llamada tripanosomiasis americana o enfermedad de Chagas-Mazza. Se transmite generalmente por la picadura de un mosquito, pero también a través del consumo de alimentos mal cocidos o por heces de insectos. La enfermedad de Chagas presenta dos fases: aguda, donde puede no presentar síntomas o muy leves (malestar general o fiebre), y crónica, en la cual pueden pasar muchos años con síntomas como problemas digestivos, dolor abdominal, estreñimiento y dificultad para tragar. Se previene evitando la presencia de fauna nociva en el hogar.

Taenia solium

Parásito también conocido como tenia de cerdo, se encuentran en la carne de cerdo cruda o mal cocinada. El ser humano se puede infectar mediante sus huevecillos, cuando está en estado larvario (cisticercos) o en estado adulto (tenia).

Se adquiere a través del contacto con heces de humanos portadores y a través de tierra, agua, frutas y verduras contaminadas por cisticercos.

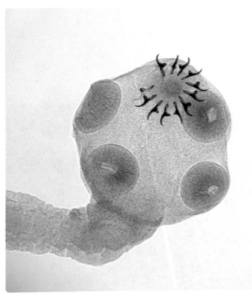

Taenia solium.

La infección por huevecillos puede provocar cisticercosis al desarrollarse éstos en cisticercos, los cuales afectan músculos, tejidos subcutáneos e inclusive el sistema nervioso central (neurocisticercosis), patología con alta morbilidad.

La tenia, que puede alcanzar 3 metros de largo, produce una infección intestinal y libera huevecillos que se alojan en las heces fecales para completar el ciclo y buscar un nuevo organismo dónde desarrollarse.

La teniasis en la gran mayoría de los casos es asintomática, en ocasiones está acompañada por síntomas gastrointestinales como dolor abdominal, diarrea o estreñimiento y aparece entre seis y ocho semanas.

Áscaris lumbricoides

Parásito conocido como áscaris, se encuentra en frutas y verduras que no han sido cuidadosamente lavadas y desinfectadas. Se transmite a través de sus huevecillos pasando de una persona a otra cuando no se lavan las manos. Se aloja en el intestino y llega a medir hasta 25 centímetros. Generalmente es asintomática; sin embargo, pueden presentarse molestias estomacales ligeras y anemia en niños infectados.

Se estima que alrededor de 1,200,000 personas en el mundo están infectadas por *Áscaris lumbricoides*.

Entamoeba histolytica

Parásito presente en productos frescos, común en áreas tropicales con malas condiciones de higiene. Produce la amibiasis y se transmite por la manipulación de alimentos y agua contaminada. Provoca diarrea con moco, y en algunos individuos es asintomática, pero ellos pueden contagiarla.

Echinococcus granulosus

Parásito presente en productos frescos o agua contaminada por heces de perros. La contaminación puede darse mediante los huevecillos en animales infectados y al manipular los alimentos si no se lavan las manos. Generalmente es asintomática por años, sin embargo puede producir vómito, náusea, dolor abdominal y puede afectar múltiples órganos abdominales.

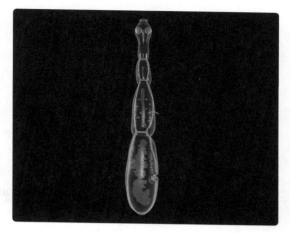

Echinococcus granulosus.

Toxoplasma gondii

Parásito presente en la carne de cerdo, cordero o carne roja mal cocinada, en agua contaminada, utensilios que hayan entrado en contacto y en las heces de gatos. Generalmente es asintomática o se presenta como un leve catarro, aunque también puede producir toxoplasmosis, causando daño cerebral, ocular y de diferentes órganos.

4.2.3 Virus

Los virus son agentes microscópicos. Muchos de éstos tienen gran resistencia al calor, congelación, luz ultravioleta y pueden permanecer en los alimentos por largos periodos. Los virus no se multiplican en los alimentos, sino que se transmiten a través de alimentos contaminados por personas que se encuentran infectadas y manipulan éstos de manera poco higiénica, o que cocinan incompletamente carnes de res, cerdo, pescado y pollo.

El alimento se puede contaminar con virus también antes de entrar en contacto con el humano. Ejemplo de ello son las frutas y verduras regadas con aguas contaminadas, o pescados y mariscos desarrollados en zonas cercanas a salidas de aguas residuales humanas.

Hepatitis A

Virus transmitido mediante heces de personas infectadas por la ruta ano-mano-boca, así como alimentos y agua contaminada. Tiene un periodo de incubación de 28 días promedio (entre 15-50 días). En la mayoría de los niños la infección es asintomática. Los primeros síntomas son fiebre, anorexia, náusea, vómito, diarrea, dolor de cabeza, e ictericia (coloración amarillenta de la piel y mucosas debido a un aumento de bilirrubina en la sangre). El cuadro dura generalmente de varios días a semanas.

Norovirus

Virus altamente contagioso transmitido a través de bebidas frescas y alimentos contaminados, al tocar superficies contaminadas con los dedos y llevarlos a la boca, al compartir alimentos con una persona infectada o usando sus utensilios. Cualquier persona puede infectarse y enfermarse. Es la causa más común de gastroenteritis. La mejor manera de prevención es a través de un lavado adecuado de manos y manteniendo una buena higiene personal. Causa inflamación diarrea, vómito, náusea y dolor abdominal así como fiebre y dolor de cabeza.

4.2.4 Hongos

Son microorganismos microscópicos pluricelulares que pueden vivir tanto en plantas como en animales, algunas veces se pueden identificar a simple vista. Se forma desde una raíz que se introduce al alimento, creciendo su tallo por encima de éste, hasta llegar a las esporas que le confieren su color característico.

Los hongos crecen en medios húmedos y cálidos (de 24 °C a 28 °C) y se desarrollan en carnes de ave y de res, en lácteos, cereales, panes y en una gran variedad de alimentos. Si bien algunos son fáciles de detectar por sus esporas, las raíces penetran al alimento descomponiéndolo o contaminándolo por toxinas, por lo que éste debe eliminarse.

Algunos hongos son inocuos, como el *Penicillium roque-forti*, empleado para elaborar quesos azules; aunque algunos otros pueden ser peligrosos, como los que producen micotoxinas.

Micotoxinas

Son toxinas producidas por diversos hongos. Un tipo de ellas son las aflatoxinas, producidas por algunos hongos del género *Aspergillus*. Los alimentos se puede contaminar en el campo, antes o después de la cosecha o a través del transporte o almacenamiento de los alimentos.

Las aflatoxinas afectan una gran variedad de alimentos como oleaginosas (cacahuate, sobre todo), cereales (maíz, principalmente), especias, frutos secos, leche y carne.

Otras micotoxinas frecuentes que se encuentran en alimentos son:

MICOTOXINA	ALIMENTOS PRESENTES
Fumonisinas	Trigo, maíz, cebada, soya, cerveza, ganado porcino
Zearalenona	Trigo, maíz, centeno, avena, cebada, cerveza
Tricotecenos	Maíz, trigo centeno, avena, cerveza, ganado lechero, ganado porcino, aves de corral
Ocratoxinas	Trigo, maíz, centeno, avena, cebada, arroz, jugo de uva, uva, cerveza, vino café, cacao, ganado porcino
Patulina	Manzana, jugos

5

Cocina
sustentable

El acto de cocinar implica
usar recursos tanto renovables
como no renovables. Debido
a que el ser humano consume
al menos 3 alimentos en
el día, la tarea de cocinar
se convierte en una de las
actividades que más impacto
tiene en el planeta. Una forma
de disminuir ese impacto
es teniendo una cocina
sustentable.

5.1 » SUSTENTABILIDAD

En una cocina existe el uso continuo de recursos que tienen una relación directa con la degradación del medio ambiente.

Consiste en la habilidad de lograr una prosperidad desde el punto de vista económico y ambiental y, al mismo tiempo, una protección de los sistemas naturales y una alta calidad de vida para los seres humanos. La integración del desarrollo económico y el bienestar social tienen como finalidad el crear un medio ambiente de calidad, tomando en cuenta las futuras generaciones.

La sustentabilidad se logra a través de prácticas diarias que cambian patrones de consumo y optimizan los impactos de calidad de vida y bienestar de las personas. Prácticas responsables que conserven las fuentes naturales, reducción del desperdicio de agua durante los procesos y generación de un proceso óptimo en el sistema alimentario desde su producción, transformación, distribución y consumo son tareas que en la actualidad deben considerarse para un desarrollo sustentable.

GENERACIÓN DE BASURA EN MÉXICO

73833 toneladas en el interior de la República Mexicana.

12513 toneladas en el D.F.

86346 toneladas de basura diaria.

1 kilo diario por persona aprox.

1.43 kilos diarios por persona aprox.

El desperdicio o mal aprovechamiento de la comida es un ejemplo de la falta de sustentabilidad en la cocina. Un tercio de toda la producción de alimentos (alrededor de 1300 millones de toneladas por año) se pierde o se desperdicia. En países industrializados, los comerciantes y consumidores descartan cerca de 300 millones de toneladas de alimentos comestibles, cantidad con la cual se podría alimentar a cerca de 900 millones de personas que padecen hambre en todo el mundo.

Se puede reducir el impacto en una cocina doméstica con una "dieta sustentable". Para ello es necesario planear desde la compra de insumos y el proceso de preparación de los alimentos hasta la conservación y su consumo. Según la Organización de Alimentos y Agricultura, o FAO por sus siglas en inglés (Food and Agriculture Organization), una dieta sustentable incluye el impacto del medio ambiente con la alimentación en términos de disponibilidad de alimentos, aceptación cultural y económica, seguridad alimentaria, nutrición y respeto a los ecosistemas y diversidad biológica.

Este tipo de dietas fomenta la conciencia de conservación de nuestro entorno, tomando acciones como un mejor manejo de desperdicios, consumiendo productos locales y eligiendo alimentos de temporada. El objetivo es crear una sinergia entre la salud de la familia y la conservación del medio ambiente.

Convertir una cocina en una cocina sustentable incluye varios aspectos, como:

> Cubrir con los requerimientos nutrimentales.

> Cumplir con los mandatos de una cocina higiénica.

> Conservación del medio ambiente.

> Considerar el bienestar social.

> Aprender a manejar de manera responsable los desechos que se generan.

El consumo de productos es una forma de llevar una dieta sustentable.

5.2 » CONSERVACIÓN DE RECURSOS

Conservación de energía

La energía es parte fundamental dentro de una cocina, ya sea para refrigeradores, hornos de microondas, licuadoras (eléctricos) o estufas (gas). A continuación se presentan algunas alternativas para reducir el consumo de energía en una cocina:

Es fundamental mantener una limpieza correcta en las hornillas de la estufa.

ALTERNATIVAS EN LA REDUCCIÓN DEL CONSUMO DE ENERGÍA
Sustituir aparatos electrodomésticos muy viejos por equipos nuevos.
Reduzca los tiempos de precalentamiento en el horno.
Verifique los empaques del horno.
Evite abrir constantemente el horno durante la cocción de un platillo.
Evite utilizar la luz eléctrica de la cocina si no la requiere.
Abra lo menos posible las puertas del refrigerador y congelador durante el día.
Evite mantener las puertas del refrigerador abiertas al introducir alimentos y ciérrelas lo antes posible.
Distribuya los recipientes dentro del refrigerador de manera ordenada, procure dejar espacios libres entre ellos para que el aire circule eficientemente.
Al cocinar en ollas siempre tápelas para reducir el tiempo de cocción de los alimentos.
Verifique que la llama de la estufa y del horno siempre sean de color azul, este color señala una correcta combustión del gas.
Utilice luz artificial de bajo consumo energético (LED: light-emitting diode).
Lave con agua fría la loza para evitar el consumo de energía al calentarla.
Apague los equipos electrodomésticos si no están en uso.

Los equipos de cocina muy viejos suelen emplear muchísima más energía que los nuevos equipos.

Conservación de agua

El uso de agua limpia es parte fundamental dentro de una cocina, desde la preparación de los alimentos hasta su limpieza. A continuación se presentan algunas alternativas para reducir el consumo de agua en una cocina.

ALTERNATIVAS EN LA REDUCCIÓN DEL CONSUMO DE AGUA
Adaptar reductores del flujo de agua en los grifos para reducir su consumo.
Procurar llenar el lavaplatos antes de encenderlo para aprovechar al máximo el agua empleada.
Al cocinar los alimentos, utilice la cantidad de agua exacta para evitar tiempos de cocción prolongados.
No use mangueras para la limpieza de los pisos; utilice únicamente el agua necesaria dosificándola en cubetas.
No descongele los alimentos en el chorro de agua; es mejor colocarlos en el refrigerador la noche anterior a su consumo.

Cocina sustentable

Entre las acciones para lograr una cocina sustentable se encuentran:

Los productos de temporada no sólo son más baratos, también son más amigables con el ambiente.

COCINA SUSTENTABLE
Utilizar productos biodegradables.
Consumir insumos locales, evitando así el uso de medios de transporte.
Elegir frutas y verduras de temporada.
Elegir productos de empresas comprometidas con el medio ambiente.
Separar la basura orgánica e inorgánica.

Toda la basura orgánica es biodegradable.

5.3 » RESIDUOS

El bien conocido concepto de las 3 R's es posible llevarlo a la práctica a través de la conciencia social, la responsabilidad de las empresas y medidas gubernamentales.

Consiste en:

REDUCIR	REUTILIZAR	RECICLAR
Crear un sistema para utilizar la menor cantidad posible de materia prima. Aprovechar mejor los recursos naturales para reducir su consumo. Promover el consumo consciente (medidas gubernamentales).	Crear conciencia de no eliminar productos que pueden ser reutilizados (conciencia de la sociedad). Impulsar la creatividad para darle un nuevo uso a empaques, frascos, recipientes, latas, etc.	Evitar eliminar los residuos con la posibilidad de utilizarlos y elaborar nuevos productos, aunque los reciclables presenten una menor calidad comparados con los originales (responsabilidad social de las empresas).

Separación de residuos

En una cocina doméstica la generación de residuos y desechos orgánicos es alta y constante; éstos pueden ser producto de un alto consumo de insumos perecederos y, no perecederos y por otra parte, de la descomposición de alimentos que no se llegan a consumir.

Al llevar al cabo la separación de residuos antes de que se mezclen en basura se reduce en 80% el volumen que ocupan.

Éstos pueden separarse en orgánicos e inorgánicos.

> **Residuos inorgánicos:** Sustancias o compuestos no biodegradables, es decir, que por sus características químicas no se descomponen de manera natural. Algunos pueden ser de origen natural, pero no por ello significa que sean biodegradables. Entre ellos se encuentran:

- Productos de origen industrial.

- Papel y cartón (también envases de TetraPak®).

- Latas (atún, conservas de fruta, refrescos, etc.).

- Vidrio (botellas de jugos, aceite, refrescos, etc.).

- Plásticos (cajas, botellas de agua, aceite, mayonesa, aderezos, cubiertos y platos desechables, etc.).

- Metales (cucharas, tenedores, cuchillos, tapas, aluminio, alambres, tubos, clavos, envases de hojalata, etc.).

- Fibras naturales (cordeles, estropajos, zacates, ropa de algodón, etc.).

- Barro o cerámica (cazuelas, jarros, platos, tazas, etc.).

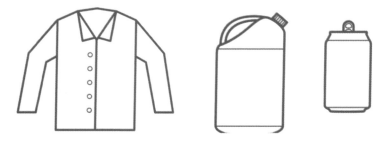

> **Residuos orgánicos:** Sustancias o compuestos biodegradables, es decir, se descomponen naturalmente al provenir de animales o vegetales. Por sus características pueden degradarse en otro tipo de materia orgánica. Entre ellos se encuentran:

- Restos de cualquier tipo de carne (huesos o vísceras).

- Pan, tortillas, galletas, granos y semillas.

· Cascarones de huevo, chiles secos y especias.

· Residuos de cualquier fruta o verdura.

· Bolsas de té, desechos de café, filtros de papel, etc.

· Restos de comida en general.

Se recomienda usar bolsas de basura biodegradables.

Los beneficios que se logran al separar los residuos sólidos son:

> Disminución de la contaminación.

> Reducción de generación de basura.

> Protección del medio ambiente.

> Aprovechamiento sustentable de los recursos naturales.

> Ahorro de energía eléctrica.

> Reducción de focos de infección y enfermedades.

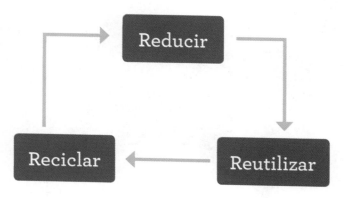

Utilice bolsas reciclables en el mercado.

5.3.1 Reducción de residuos

Reducir la cantidad de residuos se puede lograr gradualmente con los siguientes pasos:

ALTERNATIVAS PARA TENER UN MENOR NÚMERO DE RESIDUOS
Utilice cuchillos bien afilados para evitar merma al cortar frutas y verduras.
No utilice platos y vasos desechables.
Lleve al trabajo una taza para café y no utilice desechables.
Evite el uso de botellas de plástico para consumo de agua; prefiera recipientes reutilizables.
Utilice filtros de agua para uso diario en casa.
Utilice bolsas de basura biodegradable.
Reutilice las bolsas que le dan en el mercado.
Sustituya bolsas de plástico por bolsas reciclables en el supermercado.
Lleve las latas de refrescos a centros de recolección.
Reutilice envases de plástico y vidrio; no los deseche.

Llevar bolsas reutilizables al supermercado disminuye considerablemente el impacto de basura de plástico.

Residuos contaminantes

Existe basura y otros residuos altamente contaminantes que pueden contaminar los suelos, los mantos acuíferos y generar focos de infección y la proliferación de fauna nociva si se desechan directamente en la tarja.

Existen dos alternativas para desechar el aceite. El primero es reservarlo en botellas de aceite bien selladas y ponerlas en la basura orgánica (esto aplica cuando es una cantidad doméstica no considerable).

La segunda aplica cuando son grandes cantidades (cuando se fríen consecutivamente alimentos o después de una fiesta), consiste en llevarlo a un taller automotriz para que sea utilizado como lubricante.

El aceite vegetal usado puede reutilizarse para obtener biodiesel a través de un proceso denominado trans-esterificación. Por definición el biodiesel es un biocombustible obtenido a partir de los aceites vegetales, muy parecido al gasóleo (gasoil) o petrodiesel y puede utilizarse en motores de ignición de compresión.

El aceite debe de guardarse en botellas o envases y tirarlo a la basura orgánica, de ningún modo debe vaciarse en la tarja.

Anexo

Normas mexicanas

Todas las reglas de sanidad e higiene para la cocina están reguladas por las normas mexicanas. Con base en éstas se pude tener un panorama completo de cómo prevenir la contaminación de alimentos.

Existen reglas detalladas y específicas que aseguran cómo tener higiene al preparar los alimentos, explicando cómo manipular bien los alimentos. Estas reglas se pueden aplicar de manera puntual para asegurar una calidad higiénica desde la compra de los alimentos y productos hasta su conservación y consumo. Se les conoce como Normas Mexicanas.

Las Normas Mexicanas son una serie de lineamientos que tienen como objetivo asegurar características, valores, producción o servicio de bienes de consumo. Existen tanto Normas Oficiales Mexicanas (NOM) como las llamadas Normas Mexicanas (NMX). Las NOM son de uso obligatorio en su alcance y las NMX establecen recomendaciones de procedimientos o prescripciones aplicables; sin embargo pueden ser obligatorias si se mencionan como parte de una NOM. La Secretaría de Salud a través de la Comisión Federal para la Protección contra Riesgos Sanitarios (COFEPRIS) ejerce las atribuciones de regulación, control y fomento sanitario observando que se cumplan cabalmente las Normas Oficiales Mexicanas.

Las normas que a continuación se presentan contienen información esencial sobre algún aspecto de la manipulación de los alimentos. Cada una se presenta con su respectivo código QR para que profundice en ellas.

NOM-251-SSA1-2009: PRÁCTICAS DE HIGIENE PARA EL PROCESO DE ALIMENTOS, BEBIDAS O SUPLEMENTOS ALIMENTICIOS

Existen diferentes normas mexicanas que de manera sencilla refieren el manejo adecuado de los alimentos y que pueden aplicarse sin problemas a una cocina doméstica. Ejemplo de ello es esta NOM que establece los requisitos mínimos de buenas prácticas de higiene que deben seguirse en el proceso de alimentos, bebidas o suplementos alimenticios y sus materias primas a fin de evitar su contaminación.

NMX-F-605-2004-NORMEX MANEJO HIGIÉNICO EN EL SERVICIO DE ALIMENTOS PREPARADOS PARA LA OBTENCIÓN DEL DISTINTIVO H

Esta Norma Mexicana establece las disposiciones de buenas prácticas de higiene y sanidad que deben cumplir los prestadores de servicios de alimentos y bebidas para obtener el Distintivo "H". Este distintivo es un reconocimiento que otorga la Secretaría de Turismo a aquellos establecimientos de alimentos y bebidas que cumplen con los estándares de higiene que establecen la Norma Mexicana y los lineamientos de la Secretaría de Turismo.

NMX-F-CC-22000-NORMEX-IMNC-2007: SISTEMA DE GESTIÓN DE LA INOCUIDAD DE LOS ALIMENTOS-REQUISITOS PARA CUALQUIER ORGANIZACIÓN EN LA CADENA ALIMENTARIA.

Esta Norma Mexicana especifica los requisitos para un sistema de gestión de inocuidad de los alimentos a lo largo de toda la cadena alimentaria, desde el inicio hasta el punto de consumo final.

En una cocina doméstica no son de carácter obligatorio la aplicación de las normas; sin embargo, pueden emplearse como guía para el correcto manejo de los alimentos asegurar la inocuidad de los alimentos.

Glosario

Alimentos no perecederos: Alimentos que tienen tiempo de vida relativamente largo. No necesitan refrigerarse, sólo conservarse en un lugar fresco, libre de humedad, y oculto del sol. Ejemplo de ellos es harina, cereales, aceite, pastas secas, productos enlatados cerrados, etcétera.

Alimentos perecederos: Alimentos que tienen tiempo de vida corto. Necesitan refrigerarse para disminuir la acción microbiológica y asegurar su inocuidad. Ejemplo de ellos son productos cárnicos, lácteos, platillos preparados, algunas frutas y verduras, etcétera.

Bolsas isotérmicas: Contenedores de alimentos con laminado metalizado en su interior que aísla la temperatura del exterior, conservando los alimentos fríos o calientes según el caso.

Contaminación cruzada: Transferencia de materia extraña, sustancias tóxicas o microorganismos peligrosos de un alimento a otro, generalmente de alimentos crudos a cocidos.

Cloro: Compuesto químico empleado para la desinfección de algunos alimentos o materiales de cocina, así como purificador de agua. Los cloros comerciales son soluciones que rondan alrededor del 5%.

ETA: Siglas de "Enfermedades de Transmisión por Alimentos".

Fauna nociva: Especies animales que pueden causar daño a la salud al transmitir enfermedades o dañando el equipo o material de cocina.

Fecha de caducidad: Fecha que indica que un alimento ya no es adecuado para su consumo por el deterioro de sus características. Puede o no ser inocuo para su consumo.

Higiene: Conocimientos y procedimientos técnicos que controlan factores nocivos para la salud.

Inocuo: Que es seguro para el ser humano; que no le causa daño alguno.

Microorganismo: Ser biológico sólo visible a través del microscopio. Pueden ser bacterias, virus, levaduras o mohos y ser perjudiciales o no para el humano.

Patógeno: Microorganismo, elemento o sustancia que origina o desarrolla alguna enfermedad.

PEPS (Primeras Entradas – Primeras Salidas): Serie de operaciones de almacenamiento que aseguran la rotación de los productos de acuerdo a la fecha de caducidad o vida de anaquel que tienen.

Plaga: Animales que por su cantidad y proliferación causan un impacto negativo en su entorno.

Residuos inorgánicos: Sustancias o compuestos no biodegradables, es decir, que sus características químicas no se descomponen de manera natural.

Residuos orgánicos: Sustancias o compuestos biodegradables, es decir, se descomponen naturalmente al provenir de animales o vegetales.

Sustentabilidad: Prosperidad económico-ambiental y de los sistemas naturales sin descuidar la calidad de vida de los seres humanos.

Termómetro de tallo bimetálico: Utensilio que consta de un medidor de temperatura y un tallo para introducirlo en la parte más céntrica del alimento y así medir su temperatura.

Trituradores de residuos de comida: Electrodoméstico que procesa los desperdicios orgánicos para disminuir el almacenaje de basura y proliferación de fauna nociva. Se instala debajo del fregadero y se conecta al drenaje.

Zona de peligro: Rango de temperatura, entre los 4 °C y los 60 °C.

Bibliografía

Bravo Martínez, F., *El manejo higiénico de los alimentos*, Limusa, México, 2002, pp. 18-19.

Calderón, J., "Verificación y reconocimiento eficaz de la implementación del sistema de gestión H en centros de consumo hotelero y la importancia e impacto en el turismo nacional y extranjero", tesis, Universidad Nacional Autónoma de México, México, 2012, pp. 13-15.

Curtis, V., "A natural history of higiene", en *The Canadian Journal of Infectious Diseases & Medical Microbiology*, vol. 18, núm. 1, 2007, pp. 11-14.

Diario Oficial de la Federación de México, "Decreto por el que se adicionan los artículos 17 bis, 17 bis 1, 17 bis 2 y se reforman los artículos 313, fracción I y 340 a la Ley General de Salud", 2006

Diario Oficial de la Federación de México, "Prácticas de higiene para el proceso de alimentos, bebidas o suplementos alimenticios, Norma Oficial Mexicana NOM- 251-SSA1-2009", 2009 [recuperado de http://dof.gob.mx/nota_detalle.php?codigo=5133449&fecha=01/03/2010].

Food and Agriculture Organization of the United Nations, World Health Organization, *Multicriteria-based ranking for risk management of food-born parasites*, FAO/WHO Press (Microbiological risk assessment series), Roma, 2012, pp. 4-32.

Gaceta Oficial del Distrito Federal. Órgano del Gobierno del Distrito federal, "Decreto por el que se crea la ley de residuos sólidos del Distrito Federal", México, DF, 2003, pp. 2-4.

Gebel, J., Exner, M., French, G., et al., "The role of surface disinfection in infection prevention", en *GMS Hygiene and Infection Control*, vol. 8, issue 1, doc. 10, 2013.

Gebel, J., Gemein, S., Exner, M., "Surface cleaning and disinfection: insight into the situation in Germany and Europe" en *Healthcare Infection*, vol. 18, núm. 1, 2013, p. 31.

Gill, M., Selma, M., López-Galván, F., et al., "Fresh-cut product sanitation and wash water disinfection: problems and solutions", en *International Journal of Food Microbiology*, vol 134, núm. 1-2, 2009, pp. 37-45.

Home Food Safety. Reduce your risk of food poisoning, The Academy of Nutrition and Dietetics/ConAgra Foods, 2014 [recuperado de http://www.homefoodsafety.org/downloads/booklet].

Isaacs, D., "Hand washing", en *Journal of Paediatrics and Child Health*, vol. 48, issue, 6, 2012, p. 457.

National Institute of Diabetes and Digestive and Kidney Diseases, "Intoxicación por alimentos", 2014 [recuperado de www.digestive.niddk.nih.gov/spanish/index_sp.aspx].

Newson, R., Lion, R., Crawford, R., et al., "Behaviour change for better health: nutrition, hygiene and sustainability", en BMC Public Health, núm. 13, suppl. 1, 2013.

Secretaría de Medio Ambiente y Recursos Naturales, *Guía de diseño para la identificación gráfica del manejo integral de los residuos sólidos urbanos*, México, DF, 2014, pp. 2-24.

Sociedad Mexicana de Normalización y Certificación, "NMX-F-605-NOR-MEX- 2004. Alimentos. Manejo higiénico en el servicio de alimentos preparados para la obtención del Distintivo H.", México, DF, 2004.

Sociedad Mexicana de Normalización y Certificación, "NMX-F-610-NOR-MEX- 2002. Alimentos. Disposiciones técnicas para la prestación de servicios en materia de desinfección y control de plagas.", México, DF, 2002.

Sociedad Mexicana de Normalización y Certificación, "NMX-F-618-NOR-MEX-2006. Alimentos. Manejo higiénico de alimentos preparados en establecimientos fijos", México, DF, 2006.

Sociedad Mexicana de Normalización y Certificación, "NMX-F-CC-22000-NORMEX-IMNC-2007. Sistema de gestión de la inocuidad de los alimentos. Requisitos para cualquier organización en la cadena alimentaria", México, DF, 2007.

Sociedad Mexicana de Normalización y Certificación, "NMX-F-CC-22004-NORMEX-IMNC-2007. Sistema de gestión de la inocuidad de los alimentos- guías de aplicación de la NMX- CC-F- 22000- IMNC-NORMEX 2007", México, DF, 2007.

The Clorox Company, "Safety data Sheet", Oakland, CA, 2015, pp. 1-10.

Ulger, F., Esen, S., Dilek, A., et al., "Are we aware how contaminated our mobile phones with nosocomial pathogens?", en *Annals of Clinical Microbiology and Antimicrobials*, vol. 8, núm. 7, 2009, pp. 1-4.

World Health Organization, *Codex Alimentarius, Food Hygiene. Basic Texts*, 4a. ed., Roma, 2009, pp. 1-35.

Este libro se terminó de imprimir y encuadernar
en el mes de Noviembre de 2015 , en los talleres de
Edamsa Impresiones, S.A. de C.V., Av. Hidalgo No. 111,
Col. Fracc. San Nicolás Tolentino, C.P. 09850,
Iztapalapa, México, D.F.